현대중국어 동사복사구문 의미범주와 생성기제 연구

楊艷麗

학자원

| 이 책을 내면서 |

이 책은 박사논문을 바탕으로 개정되었다. 동사복사구문은 현대중국어의 특수 통사구조이다. 많은 학자들이 다양한 각도에서 그것을 연구하였다. 선행연구에서 동사복사구문은 동일한 생성기제로 분석하고 해석하는 것과 달리, 우리는 현대중국어 동사복사구문의 사용은 선택적이고 필수적이라고 생각한다. 즉, 어떤 의미는 동사복사구문으로 표현되거나 다른 통사구조로 표현될 수 있으며, 일부 의미는 동사복사구문으로만 표현될 수 있다.

제2장에서는 현대중국어 동사복사구문에 대해 정의를 내리고, 다른 구문형식과 차별되는 필수조건을 분석하여, 학자들의 의견이 분분한 구문형식에 대해 재분류하고자 한다. 이와 더불어 현대중국어 동사복사구문의 사용제한 조건에 대해서도 분석할 것이며, 범주화 이론을 바탕으로, 동사복사구문에 출현하는 보어의 유형에 따라 현대중국어 동사복사구문의 의미범주를 결과, 평가, 계량 등 세 가지 유형으로 분류하고자 한다.

제3장은 주로 결과범주의 동사복사구문을 분석하였다. 결과범주 동사복사구문은 개빈구 동사복사구문, 동결식 동사복사구문 및 '得'자구 동사복사구문을 포함한다. 동사복사구문이 강제

적으로 사용되는지, 아니면 선택적으로 사용되는지에 관해서는 이 세 가지 유형의 동사복사구문이 나타내는 양상이 각각 다르다. 개빈구 동사복사구문의 제약요소는 주로 보어와 빈어 사이에 통사적인 관계가 있는지의 여부이다. 만약 통사적인 관계가 존재한다면, 동사복사구문을 선택적으로 사용할 수 있다. 예컨대, "打人打成了習慣。"은 동사복사구문을 사용해도 되고, 연동문형식을 사용해도 된다. 동결식 동사복사구문 사용제약 요소는 행위자의 의도성, 보어의 의미특징, 보어와 빈어, 주어의 관계이다. '得'자구 동사복사구문을 사용해야 되는 조건은 보어의 음절길이 외에도 의미기능 측면의 이유도 있다. 즉, 동결식은 원인과 결과를 하나의 완형으로 결합하는 경향이 있지만, '得'자구 동사복사구문은 동작이 초래한 결과상태를 더욱 부각한다. 아울러, '赢'과 같이 경쟁성 결과의미를 지니고 있는 경우는 '得'자구 동사복사구문 형식을 사용하기 어려우며, 흔히 동결식 동사복사구문을 사용한다.

제4장은 현대중국어 평가범주 동사복사구문의 의미유형을 두 가지 유형으로 분류하였다. 평가범주 동사복사구문은 화자가 S의 특징, 속성 혹은 능력에 대한평가를 나타낸다. 비행위자 주어 동사복사구문은 도구성 주어와 처소 주어의 특징에 대해 평가한다. 반면 행위자 주어 동사복사구문이 나타내는 의미는 비교적 복잡하므로 준 한정어구 및 화제구와 각각 다른 전환관계

가 존재한다.

제5장은 동사복사구문의 계량범주에서 화자의 의도성은 두 가지 측면을 포함한다. 명량류 동사복사구문에서 VO는 인지주체의 목표 참조량이고, 수량구는 실현 결과량이며, 문장이 나타내는 의미는 바로 행위자가 목표량에서 결과량까지의 변화과정을 거쳤음을 나타낸다. 동량류 동사복사구문과 시량류 동사복사구문은 인지주체가 수량성분을 의도적으로 문말에 출현시킴으로써 문장의 초점으로 강조된다.

제6장에서는 우선 동사복사구문의 생성기제를 통사적, 의미적 및 발화 환경적 제약의 각도에서 각각 분석하고자 한다.

이 책은 아직 연구의 초기단계이오니 현대중국어 동사복사구문에 대한연구에 여전히 많은 문제를 탐구해야 한다. 우리는 앞으로도 계속해서 연구를 깊게 할 것이다.

| 감사의 글 |

이 책의 집필과정에서 많은 분들의 도움을 받았기에 감사의 말씀을 드리고 싶습니다.

특히 엄격하고 실용적 학문정신을 지니신 고려대학교 중어중문학과 최규발 교수님, 권혁준 교수님, 중국 좌사민(左思民) 교수님, 성화평(程華平) 교수님, 김립흠(金立鑫) 교수님께 깊은 감사를 드립니다.

또한 본책이 완성되도록 지원해주신 중국 루동대학교 호효청(胡曉清) 원장님 그리고 책의 내용을 번역해주신 공원(孔淵), 허설영(許雪英), 김은주(金恩洙), 류미란(柳美蘭)과 선후배님들께도 감사의 마음을 전합니다.

아울러 제가 가끔 앞으로의 한걸음을 잃었을 때 옆에서 일깨우고 격려해주신 언니이자 친구인 현지영님께도 감사드립니다.

항상 많은 힘이 되어주는 제 가족에게도 감사를 드립니다. 여러분들로부터 받은 은혜, 따뜻하게 가슴에 새기겠습니다. 감사합니다.

| 목차 |

제1장

서론

1. 연구 동기와 목적

현대중국어 동사복사구문은 술어동사(혹은 동사성 성분) 뒤에 빈어성분이 출현하고, 다시 동사를 복사한 다음 보어성분을 지니는 단문 형식이다. 동사복사구문은 'S+V+O+V+C' 형식으로 나타낼 수 있다.

중국어 학술계에서 동사복사구문에 대한 인식과 연구는 점차적으로 심화되어 가고 있다. 최초의 연구에서는 동사복사구문을 단지 동빈 혹은 동보구조의 하위분류로 여겼으나, 80년대 후부터 대부분 학자들은 이미 동사복사구문을 하나의 독립적인 구문 형식으로 보았다. 그러나 동사복사구문이 도대체 어떤 의미를 나타내는지, 다른 구문 형식과 어떠한 차이점이 존재하는지에 관해서는 조금 더 진일보한 연구가 필요하다.

李訥・石毓智(1997:32)는 보어와 빈어 사이에 의미적 혹은 통사적 연관성이 존재하는지 여부에 따라 중국어의 동사복사구문을 선택적 동사복사구문과 강제적 동사복사구문으로 분류하였는데, 선택적 동사복사구문은 아래와 같다.

(1) a. 他看書看多了。
그는 책을 너무 많이 읽었다.
b. 他書看多了。
그는 책 많이 읽었다.
c. 書他看多了。
책은 그가 많이 읽었다.
d. 他看多了書。
그는 책을 많이 읽었다.

(2) a. 他吃肉吃煩了。
그는 고기를 너무 먹어서 질렸다.
b. 他肉吃煩了。
그는 고기 먹어서 질렸다.
c. 肉他吃煩了。
고기는 그가 먹어서 질렸다.
d. 他吃煩了肉。
그는 고기를 먹어서 질렸다.

강제적 동사복사구문은 아래와 같다.

(3) a. 他看書看病了。
　　　그는 책을 읽어서 병이 났다.
　b. *他書看病了。
　c. *書他看病了。
　d. *他看病了書。

(4) a. 他吃肉吃胖了。
　　　그는 고기를 먹어서 살이 쪘다.
　b. *他肉吃胖了。
　c. *肉他吃胖了。
　d. *他吃胖了肉。

李訥 · 石毓智(1997:32)

李訥 · 石毓智(1997)에 따르면 선택적 동사복사구문과 강제적 동사복사구문이 형성된 주요 원인은 보어의 특징에 있다. 즉 보어와 빈어 사이에 의미적, 통사적 관계가 존재하는 경우에는 취할 수 있는 빈어의 형식이 비교적 자유롭다는 것이다. 예를 들면, 예문 (1)에서 보어 '多'의 의미지향은 빈어 '書'에 있고, 예문 (2)에서 보어 '煩'의 의미지향은 주어에 있지만, '煩'과 빈어 사이에는 타동관계를 이룬다. 예문 (1), (2)와 같은 경우, 동사복사구문 혹은 화제구 형식을 취하지 않아도 문장은 성립이 된다. 이때 동사복사구문의 사용은 선택적이라고 한다. 반면 예문 (3)

과 (4)에서 보어 '病'과 '胖'의 의미지향은 모두 문장의 주어에 있고, 보어와 빈어 사이에는 자동관계의 특성을 지니고 있다. 게다가 '病'과 '胖'은 각각의 빈어와 의미적인 관계나 통사적인 관계도 존재하지 않는다. 그러므로 예문 (3), (4)와 같은 경우에는 반드시 동사복사구문 형식을 취해야 한다는 것이다. 그러나 李訥 · 石毓智(1997)은 동사복사구문을 사용할 때 존재하는 제한조건에 대해 구체적으로 설명하지 않았다.

이 외에도 '得'자구 동사복사구문도 현대중국어에서 상당한 비중을 차지하고 있는 유형이며, 통사구조와 의미유형이 매우 복잡한데, 예를 들면 다음과 같다.

(5) a. 你打籃球打得這么好, 如果加入校隊, 一定可以爲學校爭光。
너는 이렇게 농구를 잘하니, 만약 학교 팀에 들어간다면 분명히 학교를 빛낼 수 있을 거야.

BCC 코퍼스

b. 你的籃球打得這么好, 如果加入校隊, 一定可以爲學校爭光。
너의 농구는 이렇게 잘하니, 네가 학교 팀에 들어간다면, 분명히 학교를 빛낼 수 있을 거야.

c. 你籃球打得這么好, 如果加入校隊, 一定可以爲學校爭光。
너는 농구 이렇게 잘 하니, 만약 학교 팀에 들어간다면, 분명히 학교를 빛낼 수 있을 거야.

(6) a. 小朱的對象也在一旁說：“我看你当兵当得越來越傻了。”

b. *小朱的對象也在一旁說：“我看你的兵当得越來越傻了。”

c. *小朱的對象也在一旁說：“我看你兵当得越來越傻了。”

CCL 코퍼스

예문 (5)와 (6)의 각 문장은 전부 ‘得’자구 동사복사구문이며, 평가의미를 나타낸다. 구체적으로 말하자면, 예문(5)의 세 문장은 각각 동사복사구문 형식, 준 한정어 구문형식, 화제구 형식이다. 이 세 가지 구문이 나타내는 의미가 거의 비슷하기 때문에 상호 교체하여 사용해도 된다. 따라서 (5a)는 선택적 동사복사구문이다. 반면 예문 (6)의 동사복사구문은 다른 구문형식으로 대체할 수 없기 때문에 강제적 동사복사구문이다. 何元建(2011:424-425)에 따르면, (5b)는 (5a)의 변체이며, 문장의 ‘的’은 실제 의미기능이 없으며, 단지 음성기능만 하는 문법성분이다. 또한 문장의 빈어가 무정 명사이므로, 문장 형태가 바뀌더라도 여전히 V의 빈어이기 때문에 문장의 의미는 큰 변화가 없으며, 다른 구문형식과 전환 할 수 있다는 것이다. 반면 (6)의 빈어는 유정 명사이기 때문에, 문장 형태가 바뀌었을 때 V의 빈어가 될 수도 있고 주어가 될 수도 있다. 그러므로 (6b)와 같은 준 한정어구 형식은 의미전달이 명확하지 않게 되며, 주어에 대한 평가를 나타내는 경우에는 강제적으로 (6a)와 같은 동사복사구문 형식을 사용해야 된다(何元建, 2011:424-425). 앞에서 李訥 · 石毓

智(1997)은 선택적 동사복사구문과 강제적 동사복사구문이 형성되는 주요 원인은 보어와 빈어의 의미관계에 있다고 하였다. 그러나 이상 예문에 대한 분석을 통해 알 수 있듯이, 예문 (5), (6)과 같은 동사복사구문의 제약요소는 보어와 빈어의 의미관계가 아니라 빈어의 유정, 무정성 차이에 달려있다. 그러므로 의미유형이 다른 동사복사구문은 생성기제 또한 다르다고 할 수 있다.

또한, 학자들은 대부분 준 한정어구와 동사복사구문 사이의 생성관계에 대해 연구를 하였지만[1], 동사복사구문과 화제구 사이의 의미관계에 대해서는 연구가 많이 이루어지지 않았다. 그러므로 **에서는 평가의미를 나타내는 동사복사구문과 화제구 사이에 어떠한 의미관계가 존재하는지에 대해서도 분석하고자 한다.

劉雪芹(2003), 謝福(2014) 등은 계량류 동사복사구문을 보어의 유형에 따라 물량보어 동사복사구문, 동량보어 동사복사구문, 시량보어 동사복사구문 등 세 가지 유형으로 분류하였는데, 예를 들면 다음과 같다.

---

1 朱德熙(1982), 蕭國政(1986), 張伯江(1994), 黃正德(2004), 邵敬敏(2009) 등 학자들이 준 한정어구의 생성에 대해 분석하였다. 이들 중 대부분 학자들은 "他的籃球打得好。"는 주어의 기능성에 대한 평가를 나타낸다고 하였으며, 동사복사구문 형식에서 변형되어왔다고 하였다. 그러나 이 책의 주요 연구대상은 준 한정어구의 생성기제가 아니기 때문에, 이 문제에 대한 학자들의 관점에 대해 하지 자세하게 서술 하지 않겠다.

(7) 媽媽買黃魚買了三斤。
어머니께서 조기를 세 근 사셨다.

(8) 上个周末他打籃球打了兩場。
지난 주말 그는 농구를 두 게임 했다.

刘雪芹(2003:43)

(9) 我等他等了五个小時。
나는 그를 다섯 시간 기다렸다.

谢福(2014:455)

예문 (7)은 물량보어가 출현한 동사복사구문이고, (8)은 동량보어가 출현한 동사복사구문이며, (9)는 시량보어가 출현한 동사복사구문이다. 劉雪芹(2003:43)에 따르면, 명량사가 동사 뒤에 출현하는 경우, 동작이 획득한 양의 많고 적음을 나타내고, 동량사는 동작이 발생한 횟수 혹은 사건 발생의 빈도를 나타낸다고 하였다. 또한 지속을 나타내는 동사 뒤에 출현하는 시량사는 동작행위의 지속시간을 나타내며, 비 지속성 동사 뒤에 출현한 시량사는 동작이 완성된 다음 상태의 지속 시간을 나타낸다.[2] 謝

2 劉雪芹(2003:43)이 제시한 예문은 다음과 같다.

(가) 媽媽籌款籌了一万元。 (동사+명량사)
엄마는 돈을 만원 마련하였다.

福(2014)는 물량보어 동사복사구문을 A형식이라고 칭하였고, 동량보어 동사복사구문을 B형식으로, 시량보어 동사복사구문을 C형식으로 칭하였다. 그는 이와 같은 세 가지 유형의 동사복사구문 사이에 존재하는 의미적 차이는 시간 요소에 인한 것으로 보았다.

구조형식 : 물량(A형식) → 동량(B형식) → 시량(C형식)
시간요소 : 시간 특징과 무관 → 시간 특징 내포 → 시간 특징 부각

謝福(2014)는 인지적 기제에서 물량사는 3차원 공간의 실현 대상으로 개체화되며, 공간의 범주에 속한다고 보았다. 반면 시량사는 사건 지속의 시간 대상으로 개체화 되며, 시간의 범주에 속한다고 보았다. 또한, 동량사는 사건 본연의 대상으로 개체화되고, 어떤 사건이 특정한 공간에서 발생하는 과정에서 특정한 시간적 지속이 이루어질 뿐만 아니라 이들은 서로 연관된다고 하였다. 아울러 이에 따라 그는 계량류 동사복사 구문의 세 가

(나) 他看那部電影一連看了三遍。 (동사+동량사)
그는 그 영화를 연거푸 세 번 봤다.
(다) 等人等了一整天, 天又黑下來了。 (지속동사+시량사)
사람을 온종일 기다렸더니 날이 또 어두워졌다.
(라) 他丢車丢了好長時間了。 (비 지속동사+시량사)
그는 차를 잃어버린 지 오래됐다.

지 형식은 모두 연속선상에 있다고 본 것이다.

이처럼 謝福(2014)의 연구는 수량보어 동사복사구문을 인지적 관점에서 분석하였다는 점에서 매우 의미 있는 성과라 할 수 있다. 그러나 謝福(2014)의 연구는 어떤 수량보어 동사복사구문은 동의문 형식이 존재하고, 또 어떤 수량보어 동사복사구문은 동의문 형식이 존재하지 않다는 현상에 대해 분석하지 않았다. 예를 들면, 예문 (7), (8), (9)는 다음과 같은 구문형식으로 나타낼 수도 있다.

(10) 媽媽買了三斤黃魚。
엄마는 조기를 세근 샀다.

(11) 上个周末他打了兩場籃球。
지난 주말에 그는 농구를 두 게임 하였다.

(12) 我等了他五个小時。
나는 그를 다섯 시간 기다렸다.

그러므로 劉雪芹(2003), 謝福(2014) 등이 분석한 동사복사구문은 전부 선택적 동사복사구문이며, 동사복사구문에 출현한 수량구의 의미기능 또한 동사복사구문에서만 나타내는 것이 아님을 알 수 있다.

그러나 한 가지 주의해야 할 문제는 예문 (10)과 (11)의 빈어 '黃魚'와 '籃球'는 수량성분 뒤에 출현할 수 있지만, 예문 (12)의 빈어 '他'가 '五个小時' 뒤에 출현하면 비문이 된다. 예를 들면 다음과 같다.

(12)' *我等了五个小時他。

그러므로 이 책에서는 왜 시량보어가 출현하는 문장에서 '他'와 같은 빈어성분이 반드시 시량성분 앞에 출현하거나 동사를 복사해야 되는지에 대해서도 밝히고자 한다.

孫紅玲(2005:57-59)이 동사복사구문에 대해 분석할 때, 다음과 같은 예문을 제시한 바가 있다.

(13) 對，当時報名報了12个，但是參加考試的只有4个。
맞아요. 그 때 등록한 사람은 12명이었지만, 시험에 참가한 사람은 4명밖에 되지 않았어요.

孙红玲(2005:57)

(14) 我盼望這一天盼望了十几年了，我一定能打敗康熙。
나는 이 날을 십년동안 간절히 바라왔다. 내가 반드시 康熙를 물리칠 수 있을 것이다.

孙红玲(2005:59)

예문 (13)과 (14)는 다른 구문형식으로 전환하기 어렵기 때문에, 강제적 동사복사구문에 속한다. 孫紅玲(2005:57-59)은 수량성분의 양표시 기능을 바탕으로, 수량보어가 출현하는 동사복사구문을 크게 두 가지 유형으로 분류하였는데, 첫 번째 유형은 예문 (13)과 같이, 동작행위가 나타내는 양이 정상량인 경우이며, 이 정상량은 화자가 객관적인 보고 혹은 설명의 방식으로 직접적으로 표현된다. 두 번째 경우에는 예문 (14)와 같이, 동작행위가 비정상량을 나타내는 경우이다.

또한 孫紅玲(2005:57-59)은 모든 동사복사구문을 양의 변화의 체계에 포함시켰는데, 이와 같은 분석방식은 두 가지 문제점이 존재한다. 첫 번째 문제점은 정상량과 비정상량을 구분하는 기준이 지나치게 주관적인 점이고, 두 번째 문제점은 양의 변화의 각도에서 동사복사구문을 분석한 방식은 여전히 위의 예문 (13), (14)와 같은 강제적 동사복사구문의 생성기제에 관한 문제를 해결 할 수 없다는 점에 있다.

그러므로 이 책에서는 다음과 같은 두 가지 문제에 대해 심층적으로 분석하고자 한다. 첫째, 왜 어떤 의미범주는 반드시 동사복사구문 형식을 취해야 되는가? 둘째, 많은 학자들이 '賓補爭動'설을 주장하였다. 그렇다면, 한 동사가 빈어와 보어를 동시에 지니고 있다면 반드시 동사복사구문 형식을 취해야 된다는 것인데, 이와 같은 주장이 과연 맞는가에 대한 검증을 하려고 한다.

2. 선행연구 검토

현대중국어 동사복사구문의 선행연구는 통시적인 측면과 공시적인 측면으로 나눌 수 있다. 통시적인 측면에서는 주로 동사복사구문의 문법화 문제에 대한 연구에 치중하였는데, 대표적인 학자로는 李訥 · 石毓智(1997), 趙長才(2002), 施春宏(2014) 등이 있다. 이 책은공시적인 측면에서 동사복사구문이 나타내는 의미기능과 생성기제에 대해 분석하고 한다. 따라서 통시적인 측면에서 진행된 선행연구에 대해서는 언급하지 않고, 공시적인 측면에서의 연구 성과에 대해서만 검토하도록 하겠다.

공시적인 측면에서의 선행연구는 연구 범위에 따라 다음과 같은 네 가지 유형으로 분류할 수 있다.

첫째는 현대중국어 동사복사구문의 동사구 구조와 의미에 대한 연구이다. 그 중에서 (1999)은 보어성분의 유형에 따라 중국어 동사복사구문을 다음과 같이 여섯 가지 유형으로 분류하였다.

① 동작의 지속을 나타내는 경우

(10) a. 我睡覺睡了三个鐘頭。
나는 잠을 세 시간 잤다.
b. *我睡了覺三个鐘頭。

② 동작의 빈도를 나타내는 경우

(11) a. 我去日本去過兩次。
나는 일본에 두 번 간적이 있다.
b. 我去過日本兩次。
나는 일본에 두 번 간적이 있다.

③ 정도를 나타내는 경우

(12) a. 他看書看得很快。
그는 책을 빨리 읽는다.
b. 他看書很快。
그는 책을 빨리 읽는다.

④ 동작의 결과를 나타내는 경우

(13) a. 他看書看得很累。
그는 지치도록 책을 읽는다(너무 오래 읽어서 지쳤다).
b. *他看書很累。

⑤ 장소를 나타내는 경우

(14) a. 他寫字寫在黑板上。
그는 글자를 칠판 위에 썼다.
b. ?他寫字在黑板上。

⑥ 방향을 나타내는 경우

(15) a. 我們走路走到學校。
우리는 걷다가 학교에 이르게 되었다.

b. 我們走路到學校。

우리는 걸어서 학교까지 갔다.

(1999:99)

張旺熹(2004)는 '得'을 기준으로 하여, 동사복사구문에 출현하는 보어를 세 가지 유형으로 분류하였다.

① 주술구가 보어를 충당하는 경우

(16) 他吃糖吃得牙齒都坏了。

그는 사탕을 너무 많이 먹어서 이가 다 썩었다.

② 동사구, 명사구, 형용사구가 보어를 충당하는 경우

(17) 他看人看得很准。

그는 사람을 정확하게 본다.

③ '得'의 뒷 성분을 생략하는 경우

(18) 你是不是小時候看≪731≫看得 ……

너 어릴 때 ≪731≫을 봐서 그런 것이 아니야?

그러나 王燦龍(1999), 曹逢甫(2005), 許歆媛 · 潘海華(2014) 등에 따르면, 동사복사구문의 첫 번째 동빈 구조는 비한정성 구조, 즉 제한받는 구조이기 때문에 상 표지를 지닐 수 없을 뿐더러, 다른 성분의 수식도 받을 수 없다. 반면, 연이어 출현한 동보구조는 한정성 구조이다. 다시 말하자면, 두 번째 동사구가 동사복사구문의 진정한 술어이고, 첫 번째 동사구는 복사된 형식적인 동사에 불과하다는 것이다.

戴耀晶(1998), 趙新(2001) 등에 따르면, 동사복사구문은 이중초점을 지니고 있는 구조이고, 李純(2006)은 동사복사구문의 초점은 일반적으로 VC구조에 있으나, 구체적인 문맥에서는 다른 경우가 존재할 수도 있기 때문에, 문맥을 고려하여 분석해야 한다고 주장하였다. 그러나 필자는 한 문장에는 오로지 하나의 의미초점만 지닐 수 있으며, VC구조가 바로 동사복사구문의 의미초점이라고 생각한다.

이상 제시한 학자들의 연구는 전부 통사구조에서 입각하여, 보어성분의 유형에 따라 분류한 것이며, 더 나아가 각기 다른 통사구조를 지닌 동사복사구문이 나타내는 의미구조와 의미유형에 대해 분석하였다. 또 어떤 학자들은 의미적인 측면에서 입각하여, 먼저 동사복사구문의 의미유형에 대해 분석한 다음, 다시 통사구조에 대해 분석하였다. 이러한 분석방식을 사용한 학자들은 대부분 唐翠菊(2001)의 분류를 따랐는데, 唐翠菊(2001)은 VP_1와 VP_2의 의미관계를 기준으로, 동사복사구문을 사역성 동사복사구문과 비사역성 동사복사구문으로 분류하였는데, 예를 들면 다음과 같다.

(19) 他吃中餐吃胖了。

그는 중식을 먹어서 살이 쪘다.

(20) 他吃中餐吃多了。

그는 중식을 지나치게 먹었다.

唐翠菊(2001:80)

예문 (19)의 '吃中餐'과 '吃胖了'는 사역관계가 존재하는 반면, 예문 (20)의 '吃中餐'과 '吃多了'는 사역관계가 존재하지 않는다.

陳家雋(2009:5)은 사역성 동사복사구문 내부에서 나타내는 인과관계를 기준으로 다시 사역성 동사복사구문을 두 가지 유형으로 하위분류하였는데, 첫 번째 유형은 필연적인 인과관계를 나타내는 사역성 동사복사구문이고, 두 번째는 비필연적인 인과관계를 나타내는 사역성 동사복사구문이다. 전자는 동사복사구문의 보어 C가 나타내는 사역결과와 SVO가 나타내는 사역원인 사이에 필연적인 인과 관계가 존재한다. 즉 보어가 나타내는 결과는 예상 안에 있으며, 사건의 필연적인 결과이라는 것이다. 후자는 동사복사구문의 결과와 사역사건 사이에 비필연적인 인과관계가 존재하며, 사역결과가 일반적으로 예상 밖의 확률이 높은 사건이라는 것이다(陳家雋, 2009:5). 예를 들면 다음과 같다.

(21) 吃螃蟹吃得我牙肉都碎了。

게를 먹는 바람에 내 잇몸이 다 까졌다。

(22) 驗血驗出了一樁痛苦心思。

혈액검사를 하는 바람에 고통스러운 고민거리가 하나 생겼다。

陳家雋(2009:5)

陳家雋(2009:5)에 따르면, 예문(21)에서 사역결과와 사역사건 사이에는 필연적인 인과관계가 존재하고, (22)의 사역결과와 사역사건 사이에는 비 필연적인 인과관계가 존재하며, 사역 원인을 강조하는 사역성을 부각시킬 수 있다.

姚水英(2006), 박미애(2014) 등 학자들은 동사복사구문의 구문의미 및 동사의 선택과 제한관계에 대해 분석하였다. 박미애(2014)는 구문문법의 각도에서 동사복사구문이 어떤 구문의미를 내포하는지를 고찰하였으며, 동사복사구문은 여러 가지 구문의 융합 형태라는 관점을 제시하였다.

이상으로 제시한 것은 학자들이 동사복사구문의 동사구 구조와 의미에 대한 연구이고, 계속해서 동사복사구문의 기능에 대한 학자들의 연구를 살펴보겠다.

項開喜(1997)은 동사복사구문은 비정상적 동작을 강조하는 기능을 한다고 주장하였고, 王燦龍(1999)은 項開喜(1997)의 관점에 대해 의문을 제기하였는데, 예를 들면 다음과 같다.

(23) 他抽大烟抽上了癮。

그는 아편에 중독됐다.

(24) 他燒飯燒得滿屋油烟味。

그가 요리하느라 온 집 안에 기름 냄새와 연기로 가득하다.

王燦龍(1999:123)

王燦龍(1999)은 위와 같은 예문은 예상 밖의 결과를 나타내는데, 이는 동사복사구문형식과 상관없이 각 성분들의 의미가 결합된 결과라고 하였다.

魏揚秀(2001)은 현대중국어 동사복사구문은 흔히 인과 관계를 나타내는 문맥에 출현하며, 원인에 대한 해석기능을 하는 경향이 있다고 주장하였다.

趙新(2002)은 동사복사구문은 세 가지 기능을 한다고 주장하였다. 즉, 구조상으로 두 문장을 하나로 병합하여, 한 문장에 두 가지 내용을 담아내는 기능, 그리고 의미적으로 동작행위, 객체와 상태를 명확히 나타내는 기능과 수식이 간단명료하고 문맥이 자연스럽게 삽입될 수 있어 극적인 수식 효과를 나타내는 기능을 한다고 하였다.

李咸菊(2004)는 동사복사구문은 평가, 비정상성, 이중강조 등의 화용적인 기능을 나타낸다고 주장하였는데, 예를 들면 다음과 같다.

(25) 早上記單詞記得牢。

아침에 단어를 외우면, 오래 기억할 수 있다.

(26) 我寫論文寫得頭昏腦漲。

나는 논문을 쓰느라 머리가 터질 거 같다.

(27) 他踢球踢得忘了時間。

그는 공을 차느라 시간 가는 줄 몰랐다.

李咸菊(2004:65-66)

예문 (25)는 평가적 동사복사구문에 속한다. 이는 목표의 실현가능성에 주관적인 말투, 태도(평가는 목표의 실현가능 혹은 불가능함을 뜻한다)를 나타낸다. 예문 (26)는 비정상성을 나타내는 동사복사구문이다. 이는 비정상적인 결과를 나타내며 일반적인 것을 뛰어넘는 경우를 말한다. 예문 (27)은 이중강조 동사복사구문이다. 이 문장은 동사복사를 통해, 한 사건 내부에서 VO와 VC의 의미 관계를 더욱 밀접하게 만든다. 그의 삼분법은 내용이 교차적인 부분이 존재하며, 동사복사구문의 전반적인 현상을 내포하지 못한 한계가 있다.

張旺熹(2004)는 중국어의 동사복사구문은 결과의 이탈성과 동작행위의 비정상량을 나타낸다고 하였다. 그는 이 두 가지 의미범주 하에서, 다시 동사복사구문의 형식을 세 가지 유형으로 분류하였는데, 각각 결과의 이탈을 나타내는 사역성 동사복사구문, 동작행위의 비정상량을 나타내는 서술성 동사복사구문, 결과의 이탈성을 나타내는 서술성 동사복사구문이며, 예를 들면 다음과 같다.

(28) 他喝酒喝醉了。

그는 술을 많이 마셔서 취했다.

(29) 我今天買菜買少了。

내가 오늘 채소를 너무 적게 샀다.

(30) 他寫字寫歪了。

그는 글자를 썼는데 좀 비뚤어지게 썼다.

张旺熹(2004:49-53)

예문 (28)은 결과의 이탈을 나타내는 사역성 동사복사구문이고, (29)는 동작행위의 비정상량을 나타내는 서술형 동사복사구문이며, (30)은 결과의 이탈성을 나타내는 서술형 동사복사구문이다. 張旺熹(2004)는 사역성 동사복사구문은 결과의 이탈성을 의미적 토대로 하고, 서술성 동사복사구문은 동작행위의 비정상량을 의미적 토대로 한다고 하였다.

이어서 현대중국어 동사복사구문의 생성동기와 기제에 관한 학자들의 연구에 대해 살펴보겠다.

현대중국어에서 동사복사구문의 생성원인과 그 과정에 대한 기존 학자들의 연구는 아래와 같은 다섯 가지 설로 요약할 수 있다.

첫째, '賓補爭動'설

王力(1944), 趙元任(1968) 등 학자들은 동사복사구문의 생성은

'賓補爭動'의 모순을 해결하기 위해서라고 하였다. 施春宏(2004/2006)은 동사 복사의 가장 기본적인 기능은 주동빈구문형식이 감당할 수 없는 새로운 구문형식을 만들어내기 위해서라고 하였다. 동결식구조가 형성한 동사복사구문은 통사규칙에 의해 생성된 것이며, 이 또한 일종의 기본적인 구문형식이다. 이와 달리 화제구와 '把'자구, '被'자구는 화용적인 원인에 의해 형성된 것이며, 기본적인 구문형식이 아니다(施春宏:2004/2006).

둘째, '화제화'설

李訥·石毓智(1997) 두 학자는 동사복사구문의 내원은 일종의 화제구조이며, 해당 화제구조를 고정시키면 동사복사구문이 생성된다고 주장하였다. 徐烈炯·劉丹青(1998:141)은 화제와 진술(혹은 述題)의 구성부분의 의미관계에 근거하여, 동사복사구문을 복사 유형 화제와 연관된다고 주장하였는데, 예를 들면 다음과 같다.

(23) 小張打籃球打得非常好。
小張은 농구를 아주 잘한다.

(24) 我眞的說話都說不出來了。
나는 정말로 말도 못 하게 되었다.

徐烈炯·劉丹青(1998:141)

위 예문에서 '打籃球'과 '說話'가 바로 복사식 화제에 속하는데, 이들은 차화제 이지만 주화제[3]로 상승 될 수도 있다. 劉雪芹(2003) 또한 VO는 화제라고 주장한 반면, 石定栩(1996)은 VO는 차화제가 아닌 부사어 성분이라고 주장하였다.

세째 '배경-전경'설

聶仁發(2001), 謝福(2014), 丁嬋嬋(2015) 등 학자들은 동사복사구문은 전제정보인 동시에, 동사복사구문을 통해 배경정보가 되기도 하며, 이로써 전체적인 정보구조 표현이 상당히 경제적으로 보인다고 하였다.

네째 '句法推導'설

黃正德(1982/1986), Li(1990), Ernst & Wang(1995), Cheng(2007) 등의 학자들이 '句法推導'설을 주장한 대표적인 학자이다. 그 중 黃正德(1982/1986)은 동사의 복사는 중국어 문법에서 구 구조의 내부적인 제약에 의한 것이라고 주장하였으며, 중국어 문법의 '구 구조 조건'이론을 내세웠다. 즉 선형구조에서 보았을 때, 중국어 구의 핵심 우측에는 하나의 직접적인 성분만 출현할 수 있다는 것이다.

3 주화제 및 차화제의 분석에 관해서는 徐烈炯 · 劉丹青(1998:141)을 참조한 것이다.

네 번째로는 동사복사구문과 다른 구문형식 사이의 관계에 대한 선행 연구를 살펴보겠다.

현대중국어 동사복사구문과 다른 구문형식 사이에 어떠한 관계가 존재하는지에 대해서 劉維羣(1986)을 비롯하여, 李臨定(1980/1986), 范曉(1993), 黃月圓(1996), 戴耀晶(1998), 王燦龍(1999), 王紅旗(2001), 劉雪芹(2003) 등 학자들이 연구를 진행해 왔다. 이들 중 대부분의 학자들은 范曉(1993)의 관점에 동의하는 경향을 보인다. 즉 동사복사구문과 다른 구문 형식이 자유롭게 전환할 수 있는지 여부는 주로 보어의 의미지향에 달려 있으며, 전환할 필요성에 있어서는 실제 문맥과 표현의 필요에 의해 결정된다는 것이다. 동사복사구문의 보어가 주어를 지향할 경우에는 동사복사구문을 '把'자구로 전환할 수 없으며, 동사복사구문의 보어가 빈어를 지향할 경우에는'把'자구와 상호 전환할 수 있다. 또한, 동사복사구문의 보어가 다른 성분을 지향할 경우, 일부 동사복사구문만이 '把'자구로 전환 될 수 있다(范曉:1993). 이상을 살펴본 선행 연구 성과에서 알 수 있듯이, 비록 학자들이 현대중국어 동사복사구문의 통사구조, 의미유형, 생성기제에 대해 많은 연구를 진행하였지만, 어떤 유형의 동사복사구문이 통사적 제약을 받는지, 어떤 유형의 동사복사구문이 화용적인 제약을 받는지, 혹은 통사적 및 화용적인 이중 제약을 받는지에 관해서는, 아직까지 명확하게 분석하지 않았다는 문제점이 있다.

3. 연구 범위와 방법

이 책은 현대중국어 동사복사구문의 의미범주와 생성기제에 대해 연구할 것이다. 그러므로 제 2장에서는 현대중국어 동사복사구문에 대해 정의를 내리고, 다른 구문형식과 차별되는 필수조건을 분석하여, 학자들의 의견이 분분한 구문형식에 대해 재분류하고자 한다. 이와 더불어 현대중국어 동사복사구문의 사용제한 조건에 대해서도 분석할 것이며, 범주화 이론을 바탕으로, 동사복사구문에 출현하는 보어의 유형에 따라 현대중국어 동사복사구문의 의미범주를 결과, 평가, 계량 등 세 가지 유형으로 분류하고자 한다. 그러므로 제3, 4, 5장에서는 현대중국어 동사복사구문의 결과의미, 평가의미, 계량의미에 대해 분석할 것이다.

구체적으로 제 3장에서는 중국어 동사복사구문의 결과범주에 대해 분석할 것인데, 한 가지 언급하고자 하는 점은, 이 책에서 논의하는 결과범주가 동작의 종료, 동작의 완성 및 동사구 구조 내의 성분과 동사구 구조 외의 성분에 대한 영향 등을 전부 포함하는 넓은 의미에서의 결과범주라는 점이다. 결과의미를 나타내는 동사복사구문은 동결식 동사복사구문, '得'자구 동사복사구문 및 개빈구 동사복사구문 등이 있는데, 이 세 가지 구조가 나타내는 결과의미는 공통점 및 차이점을 전부 지니고 있다. 그러므로 **에서는 동사복사구문이 나타내는 결과의미 유형에 대해 분석하는 동시에, 이와 같은 세 가지 구조가 나타내는 결과의미의 차이점에 대해서도 분석하고자 한다.

제4장에서는 동사복사구문이 나타내는 평가의미에 대해 분석할 것이다. 현대중국어에서 평가의미를 나타내는 전형적인 구문형식은 화제구, 동사복사구문, 준 한정어구 등이 있다. 그러므로 이 책에서는 동사복사구문의 평가의미를 분석할 때, 화제구와 준 한정어구도 함께 언급할 것이며, 주로 동사복사구문이 나타내는 평가의미의 유형과 다른 구문형식과의 차이점에 대해 분석하고자 한다.

제 5 장에서는 현대중국어 동사복사구문의 계량범주에 대해 분석할 것이다. 동사복사구문이 나타내는 계량의미는 동사 뒤에 출현하는 계량성분의 유형에 따라 물량, 동량, 시량 등 세 가지로 분류할 수 있는데, 이 책에서는 주로 수량보어 동사복사구문의 문장성립 조건에 대해 분석하고자 한다.

제6장에서는 현대중국어 동사복사구문의 생성기제에 대해 분석할 것인데, 필자는 동사복사구문이 나타내는 세 가지 의미범주에 대한 논의를 토대로, 통사적인 강제성, 의미적 강제성, 화용적인 강제성 등 세 가지 층면에서 현대중국어 동사복사구문의 생성과 사용을 제약하는 원인이 무엇인지에 대해 서술하고자 한다.

아울러 이 책에서 제시한 예문의 선행연구에서 인용하거나 CCL코퍼스 또는 BCC코퍼스에서 인용한 것임을 밝힌다.

제2장

현대중국어 동사복사구문의 통사구조 및 의미 분류 기준

현대중국어의 동사복사 현상에 대해 학자들의 명명이 다를 뿐만 아니라[4], 어떤 형식의 문장을 동사복사구문에 포함시켜야 되는지 여부에 대해서도 의견이 분분하다. 예를 들면 다음과 같다.

(1) 我呀，做人就做到家!
나는 말이야, 사람이 되기로 했으면, 끝까지 되려고 최선을 다 할 거야!

4 何融(1958)은 동사복사를 '動詞複說'로 칭하였고, 黃正德(1988), 戴浩一(1990/1994, 1999) 등은 '動詞照抄'로 칭하였으며, 黃月圓 등은 '動詞重複結構'로, 李訥 · 石毓智(1997), 施春宏(2006) 등은 '動詞拷貝結構'로, 范曉(1993), 溫鎖林(1999) 등은 '複動句'로 칭하였다. 현재 대부분 학자들은 동사복사구문이라는 명칭을 사용하고 있다.

(2) 拼命也得拼過去呀!

죽도록 열심히 해서라도 이루어 내야지!

丁嬋嬋(2015:12)

劉維羣(1986), 孫紅玲(2005) 등은 예문 (1)과 (2)에서 '就'는 접속기능을 하며, 선행절과 후속 절을 '如果…就…'처럼 조건관계를 이루게 하였기 때문에 동사복사구문이 아닌 긴축복문으로 보아야 한다고 하였다. 그러나 鐘小勇(2008), 丁嬋嬋(2015) 등 일부 학자들은 이를 동사복사구문으로 보았다. 왜냐하면 위의 문장에서 '就'를 없애도 문장의 의미는 큰 변화가 없기 때문이라고 하였다. 이와 같이 동사복사구문의 범위에 대한 학자들의 의견은 아직까지 분분하다. 그러므로 현대중국어 동사복사구문의 의미범주와 생성기제에 대해 분석하기 전에, 동사복사구문의 범위를 확정할 필요가 있다고 생각한다.

1. 동사복사구문의 정의

劉維羣(1986)은 최초로 동사복사구문에 대한 정의를 내린 학자이다. 그는 동사복사구문은 술어 부분에서 동사를 복사한 단문형식이라고 하였다. 그러나 동사복사구문에서 다른 구성요소에 제한을 두지 않고 劉維羣(1986)과 같이 정의한다면, 두 가지 문제가 발생한다. 첫 번째 문제는 동사중첩형식을 동사복사구문에서 배제할 수 없는 점이고, 두 번째 문제는 동사성 성분을 중복한 동사복사구문을 빠뜨릴 수 있다는 점이다. 그러므로 劉雪芹(2003), 孫紅玲(2005), 金允經(2007) 등의 학자들은 동사복사구문에 대해 아래와 같이 정의하였다. 즉 현대중국어 동사복사구문은 술어동사(혹은 동사성 성분)뒤에 빈어가 출현하고, 다시 동사를 복사한 다음, 보어성분을 지니는 단문형식이다.

이상으로 제시한 학자들의 정의를 토대로, 필자는 현대중국어 동사복사구문이 다른 구문형식과 구별되는 필수조건이 술어 성분의 복사, V뒤에 한정어 성분이 존재함, 단문형식 등이 되어야 한다고 생각하며, 이 세 가지 조건으로 학자들의 의견이 나뉘어져 있는 구문형식에 대해 각각 논의 하고자 한다. 예를 들면 다음과 같다.

(3) 吃桃子就要吃好的。
 복숭아를 먹을 것이면 반드시 좋은 것을 먹어야 한다.

(4) 這孩子，太挑食，頓頓吃飯都要吃好的。
 이 아이는 편식이 심해 끼니마다 좋은 음식을 먹어야한다.

劉雪芹(2003:35)

위에서 이미 언급한 바와 같이, 鐘小勇(2006), 丁嬋嬋(2015) 등은 예문 (3), (4)와 같은 문장이 동사복사구문에 속한다고 하였다. 그러나 필자는 예문(3)과 (4)에는 '就', '也' 등과 같은 성분이 존재함으로써 일종의 긴축복문을 구성한 것이며, 양보, 가정 또는 조건관계를 나타낸다고 본다. 예문(3)은 "如果吃桃子, (她)就一定要吃好的, (不好吃的她不吃)"의 의미를 나타내고, 예문(19)는 "這孩子很挑食, 吃飯的時候要吃好的, 如果飯不好, 他不吃。"의 의미를 나타낸다. 그러므로 이 책에서는 (3), (4)와 같은 구조를 지니고 있는 문장은 긴축복문에 속하며 동사복사구문의 범주에 포함시키면 안 된다고 본다. 아래의 예문도 살펴보자.

(5) 我昨晚做夢夢見了多年不見的同學。
나는 어젯밤에 꿈에서 몇 년 동안 보지 못한 친구를 만났어.

(6) 爺爺生病病了一个月。
할아버지께서는 한 달 내내 몸이 편찮으셨다.

金允經(2007:42)

劉雪芹(2006)은 위의 예문 (5), (6)은 동사복사구문이라고 주장하였다. 그러나 金允經(2007) 등은 이 두 예문이 동사복사구문이 아니라고 보았다. 그 이유는 두 문장에서 첫 번째 동사 뒤에 빈어가 출현하지 않은 것은 '동사복사구문은 반드시 빈어를 지니고 있다'는 통사적인 특징에 부합하지 않기 때문이라고 하였다. 필자는 金允經(2007)의 의견에 따라서 예문 (5), (6)을 동사복사구문으로 간주하지 않겠다. 왜냐하면 첫 번째 '夢'과 '病'

은 명사성분이고, 두 번째 '夢'과 '病'은 동사로 쓰였기 때문이다. 이런 유형의 단어는 문맥에서 단독적으로 쓰이기도 하기 때문에, 예문 (5), (6)과 같이 두 가지 역할을 담당할 수도 있다.

2. 동사복사구문의 통사구조

본 절에서는 현대중국어 동사복사구문의 통사구조에 대해 분석할 것인데, 분석과정에서 우선 VO와 VC의 통사구조에 대해 각각 서술한 다음, 동사복사구문의 두 동사의 동일성에 대해 논의하고자 한다.

코퍼스 자료와 기존학자들의 연구를 통해 알 수 있듯이, 동사복사구문의 VO는 '동빈식 이합사', '동빈구', '심리동사+동빈구' 형식, '동사+주술구'형식 등이 존재한다. 예를 들면 다음과 같다.

(7) 這种數碼的東西貶值貶得很厲害。
이런 종류의 디지털 상품은 가격이 심하게 떨어진다.

(8) 我今天晒被子晒得眼藥水不見了。
나는 오늘 이불을 햇볕에 말리다가 안약을 잃어버렸다.
BCC 코퍼스

(9) 他喜歡踢足球喜歡得着了迷。
그는 정신이 나갈 정도로 축구 하는 것을 좋아한다.

(10) 他等覺民回家等得不耐煩了。

그는 覺民이 집에 오는 것을 짜증이 날 정도로 기다렸다.

劉雪芹(2003:64)

예문 (7)의 VO '貶值'는 동빈식 이합사이고[5], (8)의 VO '晒被子'는 동빈구 형식이며, (9)의 VO '喜歡踢足球'는 '심리동사+동빈구'형식, (10)의 VO '等覺民回家'는 '동사+주술구' 형식이다. 코퍼스 예문의 통계자료에 의하면, 이 중에서 동빈식 이합사를 포함하는 동사복사구문은 가장 많은 비중을 차지한다.

이어서 VC의 통사구조에 대해 알아볼 것이다. VC의 통사구조에 관하여 학자들의 의견이 분분한데, 이 책에서는 주로 李訥 · 石毓智(1997)의 분석에 따라, 'V+수량보어', 'V+개빈 보어', 'V+동결식 보어', 'V+得자구' 등 네 가지 형식으로 분류하겠다. 예를 들면 다음과 같다.

(11) 老爸抽烟抽了30年, 花了15天戒烟, 這就是獅子座的男人。

(V+수량보어)

아버지는 담배를 30년간 피웠지만 끊는데는 15일 걸렸다. 사자자리 남자는 대체로 그러하다.

5 이런 유형의 동사복사구문에 대해 劉雪芹(1998/2003)은 동사성 성분의 중복이라고 칭하였고, 陳明舒(2008)는 '動詞部分拷貝句'라고 칭하였다.

(12) 我要加班加到12点。 ('V+개빈 보어')

나는 추가근무로 12시까지 일해야 한다.

(13) 出差出糊涂了，今天上班感覺像周一。(V+동결식 보어')

출장을 다녀오더니 정신이 멍해졌는지, 오늘 출근하는데 월요일 같은 기분이 든다.

(14) 馬云教書教得很好。 ('V+得자구')

馬云은 학생을 가르치는데 있어 매우 뛰어나다.

BCC 코퍼스

학자들이 VO와 VC 사이의 형태와 의미관계에 대한 연구는 비교적 많은 편이다. 그러나 동사복사구문에서 두 동사가 동일한 성분인지에 대한 문제는 주목하지 않았다. 范曉(1993), 孫紅玲(2005) 등 극소수 학자들만이 동사복사구문의 두 동사는 반드시 동일한 시간, 동일한 장소에서 발생하는 동일한 동작이어야 한다고 하였다. 그러나 코퍼스를 조사한 결과, 실제로 복사된 동사의 형태는 같으나 실질적인 행위의 의미가 다른 예문도 있다. 예를 들면 다음과 같다.

(15) 爸爸打儿子打了半个小時。

아빠가 아들을 반시간 동안 때렸다.

(16) 爸爸打儿子打惱了媽媽。

아빠가 아들을 때려서, 엄마를 화나게 하였다.

예문 (15)에서의 두 '打'의 의미는 동일한 것이 분명하다. 그런데 (16)에서 '爸爸打儿子'와 '打惱了媽媽' 중의 '打'는 그 의미가 다르다. '爸爸打儿子' 중 '打'는 아빠가 손으로 혹은 다른 도구로 아들을 구타하는 것이지만, '打惱了媽媽' 중의 '打'는 아빠가 엄마를 때리는 실질적인 동작행위를 나타내는 실의 동사가 아니다.

현대중국어 동사복사구문은 의미구조에서 두 가지 구분 방식이 존재한다. 그중의 하나는 S[[VO]+[VC]] 형식이며, 주술구조이다. 여기에서 S는 주어이고 VOVC는 서술어이며, 서술어는 주어에 대한 진술이다. 또한 두 V는 형태도 같고 의미도 같은 동사이다. 예를 들면 아래와 같다.

(17) 我們倆聊天儿聊得甚歡。
우리 둘은 반갑게 얘기를 나누었다.

(18) 打工打到一半, 突然頭暈眼花耳鳴, 全身无力。
아르바이트 도중 갑자기 머리가 어지럽고 눈이 침침하며, 귀가 울려 온 몸이 힘이 없다.

BCC 코퍼스

이런 유형의 동사복사구문 형식에는 개빈 구조 보어, 동결식 보어, '得'자구 및 수량보어 등이 출현할 수 있으며, SVO형식과 '把'자구, 그리고 '被'자구로 전환 될 수 있지만, 그렇지 않는 경우도 있다. 예를 들면 다음과 같다.

(19) a. 我做飯做少了。
　　　내가 밥을 했는데, 적게 했다.
　　b. *我做少了飯。
　　c. 我把飯做少了。
　　　나는 밥을 적게 했다.
　　d. *飯被我做少了。

(20) a. 他抽烟抽足了。
　　　그는 담배를 실컷 피웠다.
　　b. 他抽足了烟。
　　　그는 담배를 실컷 피웠다.
　　c. 他把烟抽足了。
　　　그는 담배를 실컷 태웠다.
　　d. *烟被他抽足了。

(21) a. 他騎馬騎了兩次。
　　　그는 말을 두 번이나 탔다.
　　b. 他騎了兩次馬。
　　　그는 말을 두 번 탔다.
　　c. *他把馬騎了兩次。
　　d. *馬被他騎了兩次。

李敏(1997:79)

예문 (19)에서 V는 타동사이고, 수사 빈어 O를 동반하였다.

C는 형용사이며, 의미적으로 보았을 때, 빈어 O에 대해 보충설명 하는 기능을 나타낸다. 이와 같은 유형의 동사복사구문 형식은 '把'자구로 전환할 수 있지만, SVO형식과 '被'자구 형식으로 전환 할 수 없다. 예문 (20)의 보어는 술어성 보어이므로 '把'자구 형식으로 나타낼 수 있지만, '被'자구 형식으로 전환하면 비문이 된다. 예문(21)의 보어 C는 동량보어이며, SVO형식으로 나타낼 수도 있고, 동사복사구문 형식으로 나타낼 수도 있다. 그러나 '把'자구와 '被'자구 형식으로 나타낼 수는 없다.

다른 하나는 [SVO]+[VC] 유형이다. 이와 같은 통사구조는 겉으로 보기에는 단문형식이지만, 의미적인 측면에서 봤을 때에는 두 단문이 합쳐진 복합문이다. 형식적으로 [SVO]+[VC]로 표현할 수 있는데, [SVO]는 문장의 주어이고 [VC]는 문장의 서술어이다. V과 V는 형태가 같으나 의미가 다른 동사 또는 동사성 성분이다. 이는 중국어에서 사역관계를 나타내는 '使'와 유사하다. 예를 들면 다음과 같다.

(22) 夫妻倆吵架吵醒了鄰居。
부부가 다퉈서 이웃이 깼다.

BCC 코퍼스

예문(22)의 보어에는 흔히 또 다른 빈어 성분이 출현하며, SVO형식으로 전환할 수 없다. 그러나 '把'자구 혹은 '被'자구로 전환하면 아무런 문제가 없다. 예를 들면 다음과 같다.

(23) a. 夫妻倆吵架把鄰居吵醒了。
부부의 다툼으로 이웃이 깨게 되었다.
b. 鄰居被夫妻倆吵架吵醒了。
이웃은 부부의 다툼으로 인해 깨게 되었다.

이상으로 분석한 결과, 현대중국어 동사복사구문의 의미구조는 두 가지 유형이 존재함을 알 수 있다.

3. 동사복사구문의 사용조건

戴浩一(1990/1994, 1999)는 동사복사구문은 지속적인 동작이나 상태를 묘사하여 표현한다고 주장하였으며, 그렇기 때문에 동사복사구문에서 동사는 반드시 지속적인 동작을 나타내는 동사이어야 하고, 비지속적인 동사일 수가 없다고 하였다. 예를 들면 다음과 같다.

(24) 他跳水跳了兩小時。
그는 다이빙을 두 시간 동안 했다.

(25) *他跳樓跳了兩个小時。

(1999:103)

예문 (24)를 살펴보면, '跳水'는 지속적인 동작을 나타내는 동사이다. 그러므로 동사복사구문에서 동사의 지속적인 진행을 나타낼 수 있다는 점을 알 수 있다. 그러나 (24b)에서 동사 '跳樓'는 지속적인 의미를 가지지 않는다. 이는 비지속적인 동작을 나타내는 동사이기 때문에 동사복사구문에서 사용할 수 없다. 그렇지만 '跳樓'는 다음과 같은 동사복사구문에서 사용할 수도 있다. 예를 들면 다음과 같다.

(26) 他跳樓跳到了二樓陽台上。
그는 건물에서 2층 베란다로 뛰었다.

(27) 他自己都沒想到, 跳樓跳出了名 / 跳樓跳成了名人。
그는 자신도 생각지도 못하게 건물에서 뛰어내려 이름을 날렸다.

BCC 코퍼스

예문 (26), (27)의 '跳樓'는 비록 순간동사이지만, 두 문장이 전부 성립이 된다. 예문 (25)를 (26), (27)번과 비교한 결과, (25)는 문장이 나타내는 사건은 지속사건이며, 지속 의미를 나타내는 동사복사구문은 동사의 선택에 있어 제한을 받는다. 그러나 (26), (27)의 두 문장은 결과사건을 나타내며, 동사가 반드시 지속동사가 되어야 한다는 제한을 받지 않는다.

戴浩一(1990/1994)이 동사의 의미기능 측면에서 동사복사구문의 사용조건에 대해 분석한 것 외에, 李訥 · 石毓智(1997)도 현대중국어 동사복사구문의 사용은 많은 제약을 받는다고 주장하였으며, 이 중에서 가장 많이 주목받고 있는 것은 동사복사구문 빈어의 한정성 문제이다.[6]

李訥 · 石毓智(1997)은 동사복사구문의 빈어는 일반적으로 범지(generic term)를 나타내는 성분이며, 한정적인 성분이 될 수 없다고 하였는데, 예를 들면 다음과 같다.

(28) a. 他喝酒喝醉了。
그는 술을 마셔 취했다.
b. 他喝茅台酒喝醉了。
그는 茅台주를 마셔 취했다.
c. 他喝那瓶酒喝醉了。
그는 어제 저 술을 마셔서 취한 것이다.
d. 他喝昨天買的酒喝醉了。
그는 어제 사온 술을 마셔서 취한 것이다.
李訥 · 石毓智(1997:33)

6 두 학자는 세 가지 측면에서 동사복사구문의 사용 제한 조건을 제시하였는데, 빈어의 한정성 외에도 다음과 같은 두 가지 조건이 포함한다.
첫째, 동사복사구문은 두 번째 동사만이 한정동사(finite verb)에 속한다. 왜냐하면 두 번째 동사는 상표지와 결합할 수 있으며, 부정부사를 포함한 여러 가지 부사의 수식을 받을 수 있다.
둘째, 빈어와 보어는 필수 성분이다.

李訥 · 石毓智(1997)의 관점에 따르면, 예문 (28a)와 (28b)와 같은 문장이 성립되는 중요한 조건은 빈어가 '酒'와 '茅台酒'처럼 한정적인 성분이 아니어야 된다고 하였다. 그러나 이에 반대의 의견을 제시한 학자들이 많다. 필자 또한 마찬가지이다. 왜냐하면 李訥 · 石毓智(1997)은 예문 (28c)과 (28d)의 '那瓶酒'와 '昨天買的酒'와 같이, 한적적인 성분이 빈어로 출현한 경우에는 자주 쓰이지 않는다고 하였다. 즉, 자주 쓰이지 않는다는 것은 쓰일 수 없다는 말이 아니며, 문맥이 주어진다면 (28c), (28d)와 같이 성립할 수 있다. 그러므로 빈어의 한정성 문제는 동사복사구문이 성립될 수 있는지 여부를 구별할 수 있는 특징이 아니라고 할 수 있다.

王燦龍(1999) 또한 "동사복사구문의 빈어는 상대적으로 자유로우며, 동사복사구문의 생성 또한 빈어의 지시성에 의해 결정되는 것이 아니라, 의미적으로 부합하다면 그 어떠한 유형의 빈어도 동사복사구문에 출현할 수 있다."고 주장하였다. 예를 들면 다음과 같다.

(29) a. 明明吃這种餅干吃上了癮。
明明은 이런 과자를 먹다가 인이 박혔다.
b. 他看王朔寫的小說都看膩了。
그는 王朔의 소설을 보다가 진력이 났다.
王燦龍(1999:122)

예문(29)에서 나타난 것과 같이, 두 문장의 빈어성분 '這种餅干'과 '王朔寫的小說'는 전부 한정적인 성분이지만 동사복사구문에 출현할 수 있다.

孫紅玲(2005:8) 또한 현대중국어 동사복사구문의 빈어가 지니고 있는 가장 두드러진 특징은 형식적으로 무표지이며, 대부분 비 한정적인 성분이지만, 특지 성분일 수도 있고, 심지어 일정한 문맥에서는 한정적일 수도 있다고 하였다. 필자가 코퍼스를 조사한 결과, 빈어의 한정성은 의미유형이 다른 동사복사구문과 모두 상관이 있기 때문에, 하나의 원칙으로 귀납할 수 없다. 그러므로 이어지는 절에서는 여러 가지 유형의 동사복사구문의 빈어의 한정성에 대해 서술하고자 한다.

이상의 분석을 통해 유형이 다른 동사복사구문은 사용조건 또한 다르다는 점을 알 수 있다. 그러므로 동사복사구문의 의미유형을 구분하여 분석할 필요가 있다고 본다.

4. 동사복사구문의 의미 분류 기준

동사복사구문의 의미유형에 대해 분석할 때, 학자들은 대부분 두 가지 측면을 기준으로 하였다. 첫째는 보어의 의미지향에 의해 분류하는 방식인데, 대표적인 학자로는 范曉(1993), 王紅旗(2001) 등이 있다. 둘째는 VO와 VC사이의 의미관계에 의해 동사복사구문을 사역성 동사복사구문과 비 사역성 동사복사구문으로 분류하는 방식이다. 이런 방식을 채택한 학자에는 唐翠菊(2001), 張旺熹(2004), 陳家雋(2009/2012), 박미애(2014) 등이 있다.

앞서 이미 분석한 바와 같이, "他吃肉吃煩了。" 및 "他走路走累了。"와 같은 형식을 지닌 동사복사구문에 있어, 보어의 의미지향에 의해 분류하는 방식은 매우 설득력이 있다. 그러나 "他打籃球打得好。"와 같은 형식을 지닌 동사복사구문을 의미지향 측면에서 분석한다면 동사복사구문 형식과 "他籃球打得好。"형식이 사용에 있어 어떠한 차이점이 존재하는지에 대해 설명하기 어렵다. 왜냐하면 두 가지 구문형식의 보어 '好'의 의미지향은 전부 동사 '打'에 있기 때문이다. 마찬가지로 사역성 각도에서 동사복사구문을 분류한다면, 비사역성 동사복사구문의 하위 유형이 지나치게 복잡하다. 예컨대, 唐翠菊(2001:83-84)는 "비사역성 동사복사구문의 보어는 매우 복잡하며, 빈어를 지향하는 경우, 동사를 지향하는 경우 및 주어와 동사를 동시에 지향하는 경우가 전부 존재한다."라고 하였다. 그러므로 사역성에 의해 분류한다면 "他吃西餐吃胖了。" 및 "他吃西餐吃飽了。"와 같이 결과의미를 지니고 있는 동사복사구문에 있어서는 설득력이 있어 보이지만, 보어가 개빈구 또는 수량구인 동사복사구문에 있어서는 설득력이 없다.

이상으로 논의한 결과, 이 책에서는 더욱 활용성이 있으면서 설득력 있는 분류근거를 찾고자 한다.

1) 범주화 이론

인간은 다양하고 복잡한 세계 속에서 유사점을 찾을 수 있다. 이에 따라 그것들을 분류하는 과정을 바로 범주화라고 한다(錢冠連, 2001:7). 범주화는 일종의 인지활동으로 주관성을 지닌다. 즉 대상과 사건이 구성하는 개념구조나 타동성 관계에 따라 달라지는 것이다. 따라서 대상과 사건의 범주화는 달라진다.

하나의 동작 행위에는 다음과 같은 유형의 참조점이 있다. 내부 참조점(주체 참조점과 객체의 참조점을 포함), 외부 참조점과 발화상황 참조점이다. 외부 참조점은 발화시점 참조점과 발화상황 참조점으로 나눌 수 있다. 발화상황 참조점은 내부 참조점으로 볼 수도, 외부 참조점으로도 볼 수도 있는데 일반적으로 발화자가 될 수도, 청자가 될 수도 있는 것이다. 이를 도식으로 나타내면 다음과 같다.

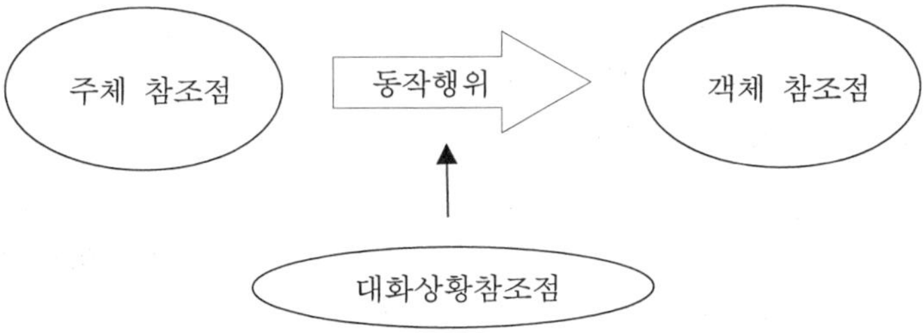

〈그림1〉 참조점의 유형 (张萬和, 2007:15)

Langacker(2008:112)에 따르면, 사람은 동일한 상황에 대해 인식하고 개념화하더라도 관찰방법이 다르다. 즉, 사람의 인지와 관찰 방법은 두 가지가 있는데 하나는 전체적 관찰방법이고, 다른 하나는 순차적 관찰방법이라고 하였다. 전체적 관찰법은 상황을 전체로 보고 사건 전체를 나타내는 반면, 미시적 부분은 생략한다. 예컨대, 각종 시태 특징, 연관 대상의 지시특징 등이 그러하다. 순차적 관찰은 주로 시간적 관계를 나타낸다.

현대중국어 동사복사구문의 의미구조는 전체적 관찰과 순차적 관찰의 공동작용을 나타낸다. VO는 사건역으로 개념화 과정에서 전체적 관찰의 방법을 취한다. 반면 VC는 순차적 관찰 방법을 사용한다. VO에서 V는 실체의 변화가 없고 동사 앞에 사건부사의 수식을 받을 수 없다. VC에서 V는 사건부사의 수식을 받을 수 있고 동사는 시제 변화가 가능하다. 예를 들면 다음과 같다.

(30) a. 我們干了很多農活，我們干得精疲力盡。
우리는 농사일을 많이 해 기진맥진하다.
b. 我們干農活干得精疲力盡。
우리는 농사일을 해 기진맥진하다.

卢伟(2008:61)

동사복사구문에서 SVO는 하나의 사건을 나타내는 동시에 화자의 인지 시작점을 나타낸다. 이는 화자가 표현하고자 하는 모든 것이 아니라 화자 표현하는 과정의 시작점을 말하는데, 담화의 전개에 있어 없어서는 안 될 배경적 소재가 된다.

이상의 예문을 통해 알 수 있듯이, 동사복사구문의 의미기능 차이를 초래하는 원인은 VC에 있다. 그러므로 이 책에서는 VC가 나타내는 의미범주에 따라 동사복사구문의 유형을 나누고자 한다.

2) 의미 분류 기준

이 책의 2.1에서 이미 언급한 바와 같이, 현대중국어 동사복사구문의 VC는 네 가지 통사구조가 존재한다. 이 네 가지 유형은 각각 수량 보어, 개빈 보어, 동결식 보어, '得'자구 형식이다. 예를 들면 다음과 같다.

(31) a. 妹妹做飯做了將近兩个小時。
여동생은 밥을 거의 두 시간가량 했다.
b. 妹妹做飯做坏了鍋。
여동생은 밥을 하다 냄비를 태워먹었다.
c. 妹妹做飯做得很好吃。
여동생은 밥을 매우 맛있게 한다.
d. 問：你的手怎么燙傷了?
질：네 손은 어쩌다 데인 거야?
答：做飯做的。
답：밥 하다가 데었어.

위 예문은 전부 동사복사구문이며, '妹妹做飯'이라는 사건을 나타내지만, 관찰점은 각기 다르다. (31a)중 '將近兩个小時'는 사건의 지속량에 대한 관찰이고, (2b)의 '做坏了鍋'는 사건결과에 대한 관찰이며, (31c)의 '做得好'는 '妹妹做飯'에 대한 평가이다. 마지막으로 (31d)는 조금 특별한데, 질문자의 관점에서 볼 때, 그는 '手燙傷了'라는 결과에 대해 질문하여 원인을 알고자 하는 것이고, '做飯做的'는 결말을 설명하는 데에 사용된다. 그러므로 의미관계에서 보았을 때, 현대중국어 동사복사구문은 크게 세 가지 의미범주를 나타낸다. 즉 결과 범주, 평가범주, 계량범주이다. 이어서 제 3장, 4장, 5장에서는 동사복사구문이 나타내는 이 세 가지 의미범주에 대해 각각 분석하도록 하겠다.

제3장

현대중국어 동사복사구문의 결과범주

본장에서 논의하고자 하는 결과 범주는 동작의 완료, 동작의 완성, 동작이 문장 내의 성분 또는 문장 밖의 성분에 대한 영향 등이다. 현대중국어의 복합사, 구, 단문, 복문, 문단, 더 나아가 문장 등의 언어단위는 모두 결과 범주를 나타낼 수 있다. 또한 이 책에서 다루고자 하는 동사복사구문에서, 개사구 동사복사구문, 동결식 동사복사구문, '得'자구 동사복사구문은 전부 결과의미를 나타낼 수 있으므로, 이어지는 절에서 자세하게 분석하고자 한다.

1. 개빈구 동사복사구문

개빈구 동사복사구문에 관한 학자들의 연구는 대부분 현상의 설명에 치중하였으며, 사용 이유와 원인에 대한 구체적인 서술은 많다고 볼 수 없다. 예컨대, 劉雪芹(2003:46)은 동사복사구문에서 '在…上'구조가 동작의 착안점을 나타내며, 흔히 동작행위는 어떠한 장소 혹은 어떠한 방면에 작용해야 된다는 점을 강조한다. 그녀는 '在…上'구조가 나타내는 의미가 실질적인 것인지 여부에 따라 '在…上'구조가 보어로 출현하는 동사복사구문을 크게 두 가지 유형으로 분류하였다. 첫 번째 유형은 '在…上'구조가 실제 의미를 나타내는 경우이며, 예를 들면 다음과 같다.

(1) 捕蛇人告訴我 打蛇要打在七寸上。
　　뱀을 잡는 사람은 나에게 뱀을 잡으려면 일곱 치가 되는 급소를 때리라고 알려 주었다.

(2) 媽媽告誡我用心要用在學習上。
　　어머님께서 마음을 쓰려거든 공부에 쓰라고 타일렀다.

예문(1)에서 '在七寸上'은 일곱 치가 되는 위치를 의미하고, 동작이 작용하는 부위를 강조한다. 예문(2)에서 '在學習上'은 '마음을 써야하는 분야가 공부'라는 점을 강조한다.

두 번째 유형은 '在…上'구조가 비유적 의미를 나타내는 경우인데, 예를 들면 다음과 같다.

(3) 記住，花錢要花在刀刃上。
기억하라, 돈은 꼭 쓸 곳에 써야 해!

(4) 用力用在了点子上。
힘을 중요한 데에 썼다.

예문 (3)에서 '花在刀刃上'은 '꼭 쓸 곳에 쓴다'는 비유적 표현이며, 예문(4)에 출현하는 '用在点子上'은 '중요한 데에 썼음'의 비유적 표현이다.

이와 같이, 劉雪芹(2003)의 분석은 단지 'V+在…上'구조가 보어로 쓰이는 동사복사구문만 언급하였는데, 필자가 코퍼스에 대한 분석과 기존학자들의 연구를 살펴본 결과, 동사복사구문에 자주 쓰이는 개빈구는 'V+出', 'V+到', 'V+成', 'V+在…(上)' 등 네 가지 유형이 존재한다. 그러므로 이어지는 절에서는 각 유형별 개빈구 동사복사구문이 어떠한 결과의미를 나타내는지에 대해 구체적으로 서술할 것이다.

1) 'SVOV+出' 유형

張旺熹(2004:50)에 따르면, 'V出 / 出來'구조가 보어로 있는 동사복사구문에서, '出 / 出來'의 기능은 뜻밖의 결과를 강제적으로

유도해 내는 것인데, 일반적으로 우발성과 이탈성의 인과관계를 나타낸다. 코퍼스의 조사결과에 의하면 개빈구 동사복사구문은 의미유형에 따라 다시 여러 가지 하위분류를 할 수 있는데, 예를 들면 다음과 같다.

A그룹 :

(5) a. 讀者凡在這里讀書讀出了成果的, 就會受到圖書館的獎勵。[7]
독자 중에서 이곳에서 책을 읽어서 성과를 거둔 사람이라면, 전부 도서관에서 주는 상을 받을 수 있다.
b. 讀者凡是在這里讀書出了成果的, 就會受到圖書館的獎勵。
독자 중에서 이곳에서 책을 읽고서 성과를 거둔 사람이라면, 전부 도서관에서 주는 상을 받을 수 있다.

B그룹 :

(6) a. 讀書讀出百万遺産。
공부를 해서 백만 유산을 얻었다.
b. *讀書出百万遺産。

BCC 코퍼스

(7) a. 修電梯修出一死二傷。
엘리베이터를 수리하다가 한 명이 죽고 두 명이 다쳤다.
b. *修店出一死一傷。

張旺熹(2004:50)

---

7 (5a)는 BCC코퍼스에서 인용.

(8) a. 种果菜种出一个上市公司。

과일과 채소를 심다가 상장회사를 만들게 되었다.

b. *种果出一个上市公司。

赵新(2002:67)

(9) a. 樂陵農藥厂降价降出效益。

樂陵농약공장은 가격인하로 수익을 얻게 되었다.

b. *樂陵農藥厂降价出效益。

CCL 코퍼스

C그룹 :

(10) a. 小明掏鳥蛋掏出條蛇。

小明은 새둥지에서 새 알을 꺼내다가 뱀 한 마리를 꺼냈다.

陈家隽(2012:133)

b. *小明掏鳥蛋出條蛇。

c. 小明掏出條蛇。

A그룹의 예문을 먼저 살펴보겠다. 사건유형에서 보았을 때, (5a)는 단일사건을 나타내는 문장이다. 이 문장에서 보어 '出成果'는 동작의 결과를 나타내며, 주어 '讀者'를 지향한다. 또한 (5a)의 구문의미를 분석해보면, (5a)가 나타내는 결과의미는 張旺熹(2004:50)이 주장한 '뜻밖의 결과'를 나타내지 않으며, 예측이 가능한 결과를 나타낸다. 게다가 (5a)가 나타내는 의미는

(5b)의 형식으로 나타낼 수도 있다. (5b)에 출현한 '出'는 더 이상 개사가 아니라 동사이기 때문에, '讀書出了成果'는 연동문 형식이다.

이어서 B그룹의 예문을 살펴보자. B그룹의 문장들이 나타내는 결과의미는 張旺熹(2004)가 제시한 '뜻밖의 결과'에 부합한다. A그룹의 예문과 다른 점은 B그룹의 예문은 전부 동사복사구문의 형식만을 취할 수 있을 뿐, 연동문 형식을 취할 수 없다. 그래서 'VO1出O2' 연동구문 형식인 (6b), (7b), (8b), (9b)는 전부 비문이다. 그러므로 B그룹의 각 예문은 강제적 동사복사구문이며, 반드시 동사복사구문의 형식을 취해야 하는 이유는 '出'와 보어성분이 동빈구조를 구성 할 수 없기 때문이다. 즉 '出'와 '百万遺産', '一死二傷', '一个上市公司', '效益'은 통사적으로 결합할 수 없기 때문에, 강제적으로 동사복사구문을 사용할 수밖에 없다는 것이다.

또한, B류에 속한 동사복사구문은 특별한 의미기능을 지니며 뉴스의 표제어로도 자주 사용된다. 尹世超(1995)는 표제를 보도성과 호칭성 두 가지 유형으로 분류하였는데, 보도성은 주로 사건에 대해 진술하는 경우이고, 호칭성 표제는 주로 문장의 호칭을 표명한다. 보도성 표제는 '誰 / 什么 / 怎么樣'에 대한 답변으로 쓰일 수 있다. 호칭성 표제는 '誰 / 什么 / 怎么樣'에 대한 답변으로 쓰일 수 없다[8]. 尹世超(1995)는 표제 구조를 명사성 표제, 술어성 표제 그리고 주술구조 표제로 분류하였다. 이중에서 명사성 표제는 전부 호칭성 표제이고, 술어성 표제는 대부분 호칭성 표제이며, 소수 보도성 표제도 존재한다. 주술구조 표제는 대부분 보도성 표제이고, 소수 호칭성 표제도 존재한다. 尹世超(1995)는 주술구조 표제의 완전성은 표제의 보도 성질과 연관된다고 하였다. 즉 구조가 완전할수록 보도성이 강하고, 구조가 완전하지 않을수록 보도성이 약하다는 것이다. 표현 문체의 각도에서 보았을 때, 보도성 표제는 대부분 뉴스문체에 사용된다. B그룹 동사복사구문은 의미적으로 독립적인 구조에 속하는 동시에 '비예측성'을 나타내기 때문에, 보도성 표제의 특징에 매우 부합하기 때문에 신문표제로 자주 사용된다.

C그룹 동사복사구문의 예문 (10)은 구체적인 사건을 서술한 동사복사구문이다. 문장에서 '小明은 새 알을 꺼내다'는 과정에서 뜻밖에 '뱀 한 마리를 꺼냈다'는 결과가 일어났다.[9] 이런 동사

---

8 尹世超(1995:54)는 다음과 같은 예문을 제시하였다.

(1) 北京推出消除輻射金屬布。
　　북경에는 전자파를 없애는 금속자질의 원단을 출시하였다.
(2) 邯鄲行。
　　한단행.

예문(1)은 보도성 표제이고, '誰 / 什么 / 怎么樣'에 대한 답변으로 쓰일 수 있다. 예문(2)은 호칭성 표제이며, '誰 / 什么 / 怎么樣'에 대한 답변으로 쓰일 수 없다.

복사구문은 문장의 V를 생략할 수 없다. 생략하게 되면 예문 (10b)와 같이 비문이 된다. (10c)와 (10a)를 비교해 보았을 때, 두 문장은 모두 성립이 된다. 그러나 두 문장의 통사구조와 의미는 다소 차이가 있다. 예문 (10a)에서 '뱀 한 마리를 꺼냈다'는 주어 '小明'의 입장에서 의도하지 않는 의외의 상황에 해당되며, 예문 (10c)의 '小明掏出條蛇'는 주어 '小明'의 '의도적인 행동'

---

9 陳文雋(2012)에서 '새 알을 꺼냈다'는 행위사건을 나타내며, '뱀 한 마리를 꺼냈다'는 결과사건을 나타낸다고 주장하였다. 두 사건은 분명한 선후관계가 있으며 '뱀 한 마리를 꺼냈다'는 결과사건이 일어나는 즉시 '새 알을 꺼냈다'는 행위사건은 자동 종결된다. 즉 결과사건의 실현은 행위사건의 종결을 의미한다고 지적한 바가 있다.

필자는 VO사건과 VC사건이 분명한 선후관계가 존재한다는 견해를 동의하지만 결과사건의 실현은 반드시 VO사건의 완전한 종결을 의미하지 않다고 본다. 이러한 관점은 이어지는 문맥에 의해 입증할 수 있다.

(3) a. 小明掏鸟蛋掏出条蛇, (他吓得大喊一声, 赶紧从树上爬了下来)。
小明은 새둥지에서 새 알을 꺼내다가 뱀 한 마리를 꺼냈다.
(小明은 놀라워서 소리를 지르며 재빠르게 나무에서 내려왔다.)
b. 小明掏鸟蛋掏出条蛇, (没想到他把蛇往地上一扔, 継续掏起鸟窝)。
小明은 새둥지에서 새 알을 꺼내다가 뱀 한 마리를 꺼냈다.
(놀라운 것은 그는 뱀을 땅바닥에 던져버리고 다시 새집을 더듬기 시작했다.)

필자가 예문 (3)에서 보충한 문맥을 살펴보면, (3a)는 '掏鸟蛋'이라는 사건이 끝났음을 나타내지만, (3b)의 '掏鸟蛋'는 결과가 없다. 그러므로 예외성 결과사건의 출현은 사건 VO의 완료를 의미하지 않는다는 사실을 알 수 있다.

에 의한 결과이다.

이상을 분석한 결과, C그룹에서 보어가 나타내는 두 번째 사건은 행위자 입장에서 '의도하지 않는 의외의 사건'이라는 점을 알 수 있다. 따라서 'SVOV' 유형에 속하는 동사복사구문은 '첫 번째 사건이 진행하는 과정에서 의외의 두 번째 사건이 일어났다'는 의미를 나타낸다.

위의 세 개 그룹의 예문을 비교해보면, A그룹 동사복사구문은 선택적 동사복사구문이고, '예측 가능한 결과의미'를 나타낸다. B그룹과 C그룹 동사복사구문은 강제적 동사복사구문이고, '뜻밖의 결과의미'를 나타내며, 'V+出'가 보어로 출현한 동사복사구문을 강제적으로 사용하게 된 제약요소는 '出'와 뒤에 출현하는 보어가 통사적으로 결합할 수 없기 때문이다. B그룹과 C그룹의 예문을 비교해봤을 때, B그룹의 통사구조는 상대적으로 간략한 편이고, 신문표제어로 많이 쓰이는 구문형식이며, 독자들의 주목을 끌기 위해, 주어를 생략하는 경우가 많다. 반면 C그룹 예문은 복합사건을 나타내는 동사복사구문이다.

2) 'SVOV+到' 유형

현대중국어 '到'에 대해서 학자들 간에 의견이 분분한데, 주로 다음 네 가지 관점으로 정리할 수 있다. 첫 번째 관점은 '到'를 개사로 간주하는 경우이다. 이와 같은 관점을 내세운 학자는 張

志公(1959), 鄧思穎(2010:131) 등이 있는데, 張志公(1959)은 '到'가 장소, 시간 및 정도를 나타내는 명사와 함께 개사구를 이룬 후, 동사 뒤에 위치하여 보어 기능을 한다고 주장하였고, 鄧思穎(2010:131)은 '到'가 우선 뒤에 위치하는 성분과 함께 개사구를 이룬 후, 다시 앞에 위치한 동사와 함께 동사구를 이룬다고 하였으며, 이러한 동보구조에 출현한 동사 V가 주요동사이고 개사구는 차술어 기능을 지니며 동사 V와 함께 복합구조를 이룬다고 하였다.

두 번째 관점은 '到'를 동사 혹은 방향동사로 간주하는 경우이다. 이와 같은 관점을 제시한 학자는 呂叔湘(1986), 朱德熙(1982) 등이 있는데, 이들은 '到'가 앞에 위치하는 동사 성분과 함께 동보구조를 이룬다고 하였으며, '到' 뒤에 위치한 성분을 'V到'의 빈어로 간주하였다. 그러나 두 학자의 관점에는 한 가지 차이점이 존재한다. 이는 바로 呂叔湘(1986)이 '방향동사설'을 주장하였고, 朱德熙(1982)는 '동사설'을 주장하였다는 것이다.

세 번째 관점은 동사 뒤에 위치한 '到'를 개사로 간주하고, 동사와 같이 동사기능을 담당하는 하나의 상위구조를 이룬다고 주장한다. 대표적인 학자로는 胡裕樹(1981) 등이 있다.

네 번째 관점은 '到'의 기능을 더 세분화 하여 구조적 측면에서 '到'를 때로는 앞에 위치한 성분에 귀속시키고, 때로는 뒤에 위치한 성분에 귀속시키는 경우이다. 李曉琪(1982), 羅開農(1981), 黃華(1984) 등에서 이와 같은 관점을 제기한 바가 있다.

이 책에서는 동사복사구문에 출현한 '到'를 두 번째 동사 V 뒤에 위치하는 개사로 간주하고, '到'가 뒤에 위치 성분과 함께 서술어 V의 보어를 구성하는 것으로 간주하겠다. 또한 필자가 코퍼스 예문을 분석한 결과에 의하여, 동사복사구문에 출현하는 '到'를 다음과 같이 세 가지 유형으로 분류하여 구체적으로 서술하겠다.

① 'SVOV+到+시간사' 유형

중국어 문법사 연구에 의하면, 동작 혹은 행위가 시작하는 시점, 발생하는 시점과 지속되는 시간을 나타내는 개사구는 동사 앞에 위치하며, 동작 혹은 행위가 끝나는 시점을 나타내는 개사구는 동사 뒤에 위치한다.[10] 이와 같은 규칙에 따르면, 현대중국어의 'SVOV+到+시간사' 구조에서, 시간사는 개사 '到' 뒤에 출현하였기 때문에, '동작이 어떠한 시점에 종결됨'을 나타낸다. 예를 들면 다음과 같다.

(11) 對門儿書屋的主人要辦事辦到天亮。
맞은편 서점 주인은 일을 날이 밝을 때까지 하려고 한다.

(12) 加班加到凌晨2点。
야근을 새벽 2시까지 한다.

BCC 코퍼스

10 蔣紹愚(2005:175-176)참조.

예문(11)과 (12)에서, '天亮'과 '2点'은 각각 '辦事'와 '加班'이 완료된 시점을 나타낸다. 이러한 유형의 동사복사구문을 강제적으로 사용해야 되는 이유는 문장의 VO가 이합사 형식이 때문에, VO 뒤에 바로 개빈구조 형식이 올 수 없다. 그러므로 반드시 동사를 복사해야 된다.

② 'SVOV+到+처소사' 유형

'SVOV+到+처소사' 유형에 속하는 동사복사구문은 'SVOV+到+시간사' 유형보다 의미가 더 다양하다. 이 책에서는 다음과 같이 세 가지 유형으로 분류하여 서술하겠다.

A그룹 :

(13) a. 朋友最近搬家搬到了這一塊地方。
친구가 최근에 이사를 했는데, 이 근처로 오게 되었다.
b. 朋友最近搬家到了這一塊地方。
친구는 최근에 이 근처로 이사하였다.
c. 朋友最近搬到了這一塊地方。
친구는 최근에 이 근처로 이사하였다.

B그룹 :

(14) a. 我和朋友走路走到了漢江邊儿。
나와 친구는 걷다가 한강 변까지 이르게 되었다.

b. 和朋友走路到了漢江邊儿。

나와 친구는 걸어서 한강 변까지 갔다.

c. 我和朋友走到了漢江邊儿。

나와 친구는 한강 변까지 걸어갔다.

d. 我和朋友到了漢江邊儿。

나와 친구는 한강 변에 도달했다.

CCL 코퍼스

C그룹 :

(16) 被娘親大人嚴令控制，不准她沒有節制的亂吃小吃和零食，免得才出院沒多久就又送回医院去，丢人丢到家。

모친으로부터 그녀가 무절제하게 스낵과 간식을 마구 먹지 못하도록 엄격하게 통제되었다. 퇴원한 지 며칠 안 되서 또 다시 병원에 실려 가면 너무 창피하니까.

(17) 拍馬屁拍到馬蹄子上。

말 궁둥이를 두드려주다 말굽까지 두드리다(지나치게 아부하다).

CCL 코퍼스

A그룹의 예문 중에서, (13a)는 행위자가 실행하는 동작과 행위가 어떤 장소에서 멈춘다는 의미를 지니고 있다. 이때 동사복사구문은 선택적이다. 왜냐하면 (13b)의 연동문 형식도 같은 의미를 나타낼 수 있기 때문이다. 또한 예문 (13)이 나타내는 결과가 주어 및 빈어와 전부 연관되고, 빈어 '家'는 피영향성 의미를

내포하고 있기 때문에, '把'자구로도 나타낼 수 있다. 즉, "朋友把家搬到了這一塊地方。"와 같다. 한 의미를 여러 가지 다른 구문형식으로 나타낼 수 있는 원인은 '到'를 개사 혹은 동사로 간주해도 되기 때문이다.

그러나 B그룹의 예문 (14a)는 마찬가지로 '동작이 어떤 장소에서 완료되었음'을 나타내지만, '把'자구로 전환 할 수 없다. 그 원인은 바로 해당유형의 동사복사구문은 단지 주어의 위치변화만 나타낼 뿐, 빈어 '路'에는 영향을 미치지 못하기 때문이다. 예문(14c)는 연동문형식의 전형적인 결과보어 구문이다. 문장의 '走路'는 방식을 나타내며, '我'와 '朋友'가 다른 교통수단을 사용한 것이 아니라, 걸어서 갔다는 것을 나타낸다. 예문 (14d)는 어떠한 사건에 대한 진술이다. 즉, "我和朋友走的動作到漢江邊儿結束了。"를 나타낸다. (14a)와 (14d)를 비교해보면, 두 구문은 의미적으로 많은 차이가 존재한다는 것을 알 수 있다. 예문 (14a)는 중의성을 지닌 구조로, (14d)처럼 단순히 사건을 서술할 수도 있고 '동작이 뜻밖에 어떤 장소에서 멈춘다'는 의미를 나타낼 수 있다. 즉 예문 (14a)은 원래의 서술 목적에서 벗어나서'走'라는 행위가 한강 강변까지 지속하다는 의미를 나타낸다. 다음과 유사한 예문을 더 살펴보도록 하자.

(15) a. 我逐漸長大，會騎車了，于是我就從家住的紅橋區騎車騎到体院北，到常宝丰老師家去學相聲。

점차 자라나서 자전거를 탈 줄 알게 된 후에, 나는 우리 집이 위치한 홍교구에서 자전거를 타고 체육학원 북쪽에 있는 상보풍 선생님 댁까지 가서 상성을 배웠다.

b. 鄉村的路上隨處能看到喝得東倒西歪的漢子，騎車騎到路邊溝里、摔倒在雪地上的情况并不罕見。

마을의 거리에서 어디서나 비틀거리는 취객을 볼 수 있고 자전거를 타다가 길가의 도랑에, 눈이 덮인 땅 바닥에 넘어지는 경우도 드물지 않게 볼 수 있다.

CCL 코퍼스

예문 (15a)는 하나의 사건을 서술하며 '내가 자전거를 타는 행위가 체육학원의 북쪽에서 멈추다'는 의미를 나타낸다. 예문 (15b)는 동작이 '路邊溝里'에서 멈춘다는 의미를 나타내지만 주어가 의도한 결과가 아니다.

이상을 분석한 결과, A그룹과 B그룹의 문장은 모두 '주어의 동작행위가 어떠한 곳에서 종결되었음'을 나타낸다. 이에 반하여 C그룹의 '到'는 실제 공간의 이동 종착점 의미보다는 행위의 정도가 지나침을 나타낸다.

③ 'SVOV+到+정도구 / 정도절' 유형

현대중국어의 '到'는 '동작이 어떤 시간 혹은 장소에서 종결되었음'을 나타낼 수 있는 것 외에도, 동작의 정도 혹은 결과를 나타낼 수도 있다. 예를 들면 다음과 같다.

(16) a. 說話說到有人厭惡, 比起毫无動靜來, 還是一种幸福。
말해서 미움을 받는 것은 아무 반응을 얻지 못한 것보다 행복한 셈이다.
b. 你有沒有想一个人想到胃痛?
위까지 아프도록 어떤 이를 그리워 한 적이 있니?
孙红玲(2005:42)

사실 위 예문에는 중의성이 있다. 동작의 정도를 나타내는 것으로 보아도 되고, 동작의 결과를 나타내는 것으로 보아도 된다. 이는 다음과 같이 확장할 수 있다.

(16)' a. 說話說到有人厭惡(的程度), 比起毫无動靜來, 還是一种幸福。
말해서 미움을 받는 것은 아무 반응을 얻지 못한 것보다 행복하다.
b. 你有沒有想一个人想到胃痛(的程度)?
위까지 아프도록 상대방을 그리운 적이 있니?
孙红玲(2005:42)

만약 '說話'와 '想一个人'을 원인으로 보고, '有人厭惡'와 '胃痛'을 결과로 본다면, 해당 동사복사구문은 사역의미를 나타낸다.

唐翠菊(2001)에 의하면 사역성 동사복사구문에 출현하는 '得'은 '到'의 변형 형식이었다.[11] 이러한 주장에 따르면 예문 (18)은 다음과 같이 바뀌 쓸 수 있다.

(17) a. 說話說得有人厭惡，比起毫无動靜來，還是一种幸福。
말해서 미움을 받는 것은 아무 반응을 얻지 못한 것보다 행복하다.
b. 你有沒有想一个人想得胃痛，吻一个人吻到嘴巴腫?
위까지 아프도록 상대방을 그리워하며 입술까지 부어오르도록 키스한 적이 있니?

孙红玲(2005:42)

다음의 예문도 이와 같은 유형에 속한다.

(18) 開庭開到想罵人。
욕이 나올 때가지 재판을 진행했다.

(19) 亏本亏到辦嫁妝的心思都沒有了。
혼수를 준비할 마음조차 없어질 때까지 밑졌다.

(20) 曠課曠到畢不了業。
졸업을 못할 정도로 수업을 빼먹었다.

BCC 코퍼스

11 孙红玲 (2005:42-43)참조.

이와 같이, 'SVOV+到+정도구 / 정도절' 유형의 동사복사구문은 두 가지 이상의 의미를 내포하고 있기 때문에, 독립적인 단문으로 동작의 결과를 나타내는 것인지, 아니면 동작의 정도를 나타내는 것인지는 문맥을 통해서 알 수 있다.

3) 'SVOV+成' 유형

현대중국어의 'V成'은 여러 가지 의미를 나타내는데, 학자들이 이에 대한 분류는 일치하지 않는다. 이 책에서는 謝雅麗(2011:3)의 관점에 따라 'V成'은 네 가지 유형으로 분류하겠다.

〈표1〉 현대중국어의 'V成' 의미 분류

의미유형	예 문
성공	我捏成了一个小泥人。 나는 진흙 인형 한 개를 완성하였다.
변화	它質軟, 富有延展性, 稍加敲打卽可加工成工具和生活用品그것은 질감이 부드럽고 신축성이 있기에 조금 두드리게 되면 도구나 생활용품으로 만들 수 있다.
달성	我沒去成上海。 나는 상해를 가지 못했다.
간주하다	他把我看成孩子了。 그는 나를 아이로 보았다.

이상으로 분류한 네 가지 유형의 'V成'구조가 전부 동사복사구문에 쓰일 수 있는지를 다음 예문을 통해 살펴보자.

(21) a. 他炒股炒成了百万富翁。

그는 주식 투자로 백만장자가 되었다.

b. 他炒股成了百万富翁。

그는 주식 투자로 백만장자가 되었다.

(22) a. 我倒霉倒成這个樣, 可整我的那些人个个好好的。

나는 재수가 없어도 너무나 없는데, 정작 나를 괴롭히는 그 사람들은 멀쩡하다.

b. 我倒霉成這个樣, 可整我的那些人个个好好的。

나는 재수가 이 지경으로 없는데, 정작 나를 괴롭히는 그 사람들은 멀쩡하다.

(23) a. 學偉跟老子動手動成了習慣, 隔三差五就會要打一架, 上了癮似的。

b. 學偉跟老子動手成了習慣, 隔三差五就會要打一架, 上了癮似的。

學偉는 아버지와 몸싸움을 하다가 습관이 되어 중독된 것처럼 며칠에 한 번씩 꼭 싸운다.

BCC 코퍼스

예문 (21)에 출현한 보어 '成了百万富翁'은 주어의 신분과 사회적 지위가 변한다는 의미를 나타내고 예문 (22)에 출현한 보어 '成這个樣'은 주어의 상태 변화를 나타내며, 예문 (23)에 출현한 보어 '成了習慣'은 행위가 반복해서 주어가 지닌 특징으로 발전되었다는 의미를 나타낸다. 따라서 예문(21), (22), (23)은 모두 주어 지향적이고 주어의 변화를 강조하며 스스로 변화할 수 있는 성질을 지닌다. 그러나 이상 세 가지 동사복사구문 형식은 전부 선택적 동사복사구문에 속하며, 대응하는 연동문형식이 존재한다. 즉 (21b),(22b) 및 (23b)이다. 그 원인은 바로 '成'에 있는데, '成'은 개사로 쓰일 수도 있고, 동사로 쓰이면서, 뒤에 출현하는 '百万富翁', '這个様', '習慣'과 의미적, 통사적 연관성이 있기 때문이다.

4) 'SVOV+在…上' 유형

앞서 이미 언급한 바와 같이, 劉雪芹(2003:46)은 'SVOV+在…上' 유형 동사복사구문은 동작행위가 어떤 장소나 방면에 작용함을 강조한다고 하였다. 그러나 劉雪芹(2003:46)이 분류한 두 가지 유형 외에도 다음과 같은 몇 가지 경우가 존재한다. 예를 들면 다음과 같다.

(24) a. 劉老師把詞典放在了書架上。
유 선생님은 사전을 책꽂이에 두었다.
b. 劉老師放詞典放在了書架上了。
유 선생님은 사전을 꽂을 때 책꽂이에 두었다.
陆俭明(2016:3)

陸儉明(2016:3)에 의하면, 예문 (24)의 두 문장은 '처치-위치이동'의 의미를 나타낸다. 즉 행위자가 처치를 통해 '詞典'의 위치를 이동시켰다는 것이다. 그러나 두 문장을 비교해보면, (24b)가 (24a)의 의미와 다른 점은 동사복사구문 형식은 대상의 위치이동 결과가 화자의 입장에서는 의외적인 결과라는 점을 더욱 부각시킨다. 즉 "화자가 예상한 결과는 '詞典放在別的地方'인데, 뜻밖에 '放在書架上'이라는 결과가 생겼다"는 의미를 나타낸다.

현대중국어 동사복사구문이 '동작의 어떤 장소에서 종결되었음'을 나타낼 경우, 만약 사건 VO는 자주적인 위치이동을 하였다면, 오로지 'V到'형식만 사용할 수 있다. 만약 '처치-위치이동' 사건을 나타내는 경우라면, 'V到'형식과 'V在'를 전부 사용할 수 있다. VO가 원인 사건이고 VC가 결과사건인 경우가 일반적인 동사복사구문 의미구조인데, 아래 예문 'VOV在…上'구문은 원인·결과사건이 상반되게 구성된다.

(25) 以上案例中的張同學吃亏吃在未看淸自已所簽的合同格式上。
위와 같은 사례에서 장학생이 손해를 본 이유는 자신이 사인하는 계약서의 서식을 명확하게 알지 못 하기 때문이다.

(26) 我倒霉倒在小神仙身上啦，這小神仙堵着我門儿擺卦攤儿!
내가 손해 본 것은 다 小神仙 때문이야, 이 놈 小神仙은 우리 집 문을 막아 버리고 점집을 차리지 않아!

(27) 解放初期，華西村出名出在"窮"字上。

광복 초기에 화서마을은 '가난' 때문에 이름이 났다.

BCC 코퍼스

위의 동사복사구문에서 VO는 결과를 나타내는 복합어이며 VC 구조는 이유를 나타낸다. 예문 (25)에서 '吃亏'는 사건의 결과를 나타내며, 그 이유가 바로 자신이 사인하는 계약서의 서식을 명확하게 알지 못하기 때문이다. 예문 (26)에서 '倒霉'는 역시 사건의 결과를 나타내며, 그 이유가 바로 '小神仙'은 우리 집 문을 막아버리고 점집을 차렸기 때문이다. 예문 (27)의 '出名'은 결과를 나타나며 그 이유가 바로 '가난' 때문이다.

해당 형식에 쓰일 수 있는 VO는 통사적인 측면 및 의미적인 측면에서 전부 비교적 엄격한 제한을 받는다. 즉, VO는 동빈식 이합사이며, 의미적으로 결과성 혹은 '당하다'의 의미를 포함해야 된다. 그러나 이 책에서 논의하는 동사복사구문 형식은 項開喜(1997:266)에서 제시한 다음과 같은 구문 형식과 구별해야 한다.

(28) 她聰明就聰明在這上面。

그녀가 총명한 점은 바로 여기에 있다.

(29) 這件事好就好在發現得早。

이 일이 좋은 일이 된 이유는 일찍 발견했기 때문이다.

项开喜(1997:266)

項開喜(1997)은 위와 같은 구문도 동사복사구문으로 간주한다. 구문에 출현하는 형용사는 대상의 특징과 속성을 묘사하며 대상의 특정한 측면만을 타낸다. 이러한 속성과 특징 때문에 대상의 한 부분은 다른 한 부분과 구별되며 '비정상성'을 나타낸다. 이와 같은 구문은 대상의 비정상적인 속성, 측면과 요소 등을 나타낼 수 있다.

그러나 이 책은 項開喜(1997)이 주장한 것과 달리 동사복사구문이 이와 같은 의미를 지니지 않는다고 보며, '비정상성'은 'A就A在…上'구조가 지닌 의미로 본다. 이 유형에 속하는 구문은 '就'에 대한 의존도가 높으며 '就'가 없는 경우 위의 예문은 모두 비문이 된다. 예를 들면 다음과 같다.

(30) *她聰明聰明在這上面。

(31) *這件事好好在發現得早。

이상의 분석을 통해 필자는 개빈구 동사복사구문이 나타내는 결과의미는 대체적으로 다음과 같다.

1) 동작행위가 어떠한 시점에 종결되었음
2) 예측 가능한 결과의 실현
3) 뜻밖의 결과의 출현
4) 주어의 신분, 상태의 변화

5) 시사 혹은 수사의 위치 이동
6) 어떤 결과, 현상에 대한 해석

또한, 본 절에서 분석한 네 가지 유형의 개빈구 동사복사구문은 선택적 동사복사구문과 강제적 동사복사구문이 고루 존재한다. 이중에서 동사복사구문의 제약요소는 개빈구에 출현하는 '出 / 到 / 成 / 在' 등이 동사와 개사 이중성격을 지니고 있기 때문이다. 만약 '出 / 到 / 成 / 在'가 뒤에 출현하는 보어와 통사적, 의미적 관계가 있다면, 동사복사구문형식과 연동문 형식을 전부 사용할 수 있으며, 이런 경우의 동사복사구문은 선택적이다. 그러나 만약 '出 / 到 / 成 / 在'가 뒤에 출현하는 보어성분과 통사적인 관계가 없다면 오로지 동사복사구문 형식만 취할 수 있으며, 이런 경우의 동사복사구문은 강제적 동사복사구문에 속한다.

2. 동결식 동사복사구문

동결식 구조 중에서, 어떠한 의미기능을 지니고 있는 경우 동사복사구문에 출현할 수 있는지에 관해, 많은 학자들이 연구 한 바가 있다. 그 중에서, 李訥 · 石毓智(1997:32-38)은 강제적 동사복사구문의 사용 조건을 보어의 의미지향이 주어에 있으며, 빈어와 통사적 및 의미적 연관성이 없는 경우라고 하였다. 예컨대, "看書看病了。", "吃肉吃胖了。" 등이 있다. 王紅旗(2001:6-11)는 보어의 의미지향이 주어와 보어 자신의 빈어에 있는 동결식 구조가 동사복사구문에 출현할 수 있다고 하였다.

이상 두 학자의 관점에 대해 다른 학자들은 보편적으로 동의하는 바이다. 그러나 보어의 의미지향이 동작 또는 빈어에 있는 동결식 구조가 동사복사구문에 출현할 수 있는지 여부에 관해서는 학자들의 의견이 아직까지 분분하다. 馬眞·陸儉明(1997c:7)은 형용사로 구성된 결과보어가 술어동사가 나타내는 동작을 지향하는 동결식 구조는 보어 뒤에 더 이상 빈어를 지닐 수 없다고 하였다.[12] 예컨대, "*開遲會了", "*喝猛酒了" 등이 있다. 馬眞·陸儉明(1997c:7)은 이러한 유형의 동결식 구조가 동사복사구문에 출현할 수 있는지 여부에 대해서는 구체적으로 서술하지 않았다. 그러나 다음 예문에서 보여준 것과 같이, 보어의 의미지향이 동사에 있는 동결식 구조는 선택적으로 동사복사구문에 출현할 수 있다.

(32) a. 開會開遲了。
회의하였는데 좀 늦게 하였다.

---

12 馬眞·陸儉明(1997c:7)은 예외적인 경우도 있다고 하였다. 예컨대, '准/緊/透'가 보어인 경우, 보어 뒤에 다시 빈어를 지닐 수 있다는 것이다.

b. 會開遲了。

회의는 늦게 하였다.

(33) a. 喝酒喝猛了。

술을 과하게 마셨다.

b. 酒喝猛了。

술은 과하게 마셨다.

이 외에도 李訥 · 石毓智(1997:32-38)은 만약 보어와 빈어 사이에 어떠한 의미관계 또는 통사적인 관계가 존재한다면 동사복사구문에 선택적으로 출현해도 되다고 하였다. 그러나 두 학자는 보어와 빈어 사이에 도대체 어떠한 의미관계가 있는지에 대해서는 구체적으로 서술하지 않았다.

동결식 구조가 동사복사구문 형식을 취할 수 있는지 여부는 V, O, C 세 가지 성분의 의미관계와 밀접한 연관성이 있다는 점을 알 수 있다. 그러므로 이 책에서는 V, O, C 사이에 존재하는 의미관계를 출발점으로 삼아, 동결식 동사복사구문의 의미유형 및 제약요소에 대해 분석하고자 한다.

1) 보어가 주어를 지향하는 동결식 동사복사구문

앞서 이미 언급한 바와 같이, 보어의 의미지향이 주어에 있는 동결식 구조는 강제적으로 동사복사구문 형식을 취해야 되는데, 예를 들면 다음과 같다.

A그룹

(34) a. 他看書看病了。
　　　그는 책을 보아서 병이 났다.
　　b. *他書看病了。
　　c. *書他看病了。
　　d. *他看病了書。

李讷 · 石毓智(1997:32-33)

(35) a. 我看電影看哭了。
　　　나는 영화를 보아서 울게 되었다.
　　b. *我看哭了電影。

(36) a. 今天我們拔河拔赢了。
　　　오늘 우리는 줄다리기해서 이겼다.

BCC 코퍼스

　　b.*今天我們拔赢了河。

A그룹의 (34a), (35a), (36a)는 전부 보어의 의미지향이 주어에 있는 동결식 동사복사구문이며, 다른 구문형식을 취했을 경우에는 비문이 되기 때문에, 전부 강제적 동사복사구문에 속한다. 그러나 이들이 나타내는 의미기능은 같지 않다. (34a)는 사역성 동사복사구문에 속하는데, 陳家雋(2012:13)은 (34a)와 같은 사역성 동결식 복사구문이 나타내는 의미기능을 '동작의 양의

축적으로 인해(시간량과 정도량을 모두 포함), 주어의 상태 혹은 성질에 변화가 생겼으며, 어떠한 결과를 초래하였음'으로 귀납하였다.

예문(35a)도 사역성 동사복사구문이다. (35a)가 나타내는 의미는 '주어가 VO가 나타내는 사건에 의해 새로운 상태로 변화하였음'이다. 다만, 주어의 변화를 초래한 원인은 동작의 축적이 아닌 다른 요소 때문이다. 즉, '我哭了'의 원인은 '看電影'이라는 사건이 여러 차례 지속적으로 발생한 것 때문이 아니라, 영화의 내용이 너무 감동적이라든지 등 기타 원인에 있다는 것이다.

예문 (34)과, (35)이 사역 의미를 나타내는 것과 달리, 예문 (36)은 비사역성 결과의미이다. 王紅旗(1996:24)에 따르면, '拔贏'과 같은 동결식 구조는 '경쟁의 결과'[13]를 나타낸다. 그러므로 (36a)는 '주어가 VO의 경쟁에서 얻은 결과'를 나타낸다. 예문 (36a)의 보어도 주어를 지향하지만, (34a) 및 (35a)와 같이 주어의 상태변화를 나타내는 것이 아니라, 주어가 동작행위를 실행한 결과를 나타낸다.

이상을 분석한 결과, 보어의 의미지향이 주어에 있는 동결식 구조는 '동작량의 축적에 의해 주어의 상태가 변화하였음', '주어가 VO가 나타내는 사건에 의해 새로운 상태로 변화하였음', '경

---

13 王紅旗(1996:24)는 '拔贏'과 같이 '경쟁의 결과'를 나타내는 동결식 구조는 '打败', '打胜', '赌赢' 등이 있다고 하였다.

쟁성 사건에서 동작에 의해 주어가 어떠한 결과를 얻었음' 등의 세 가지 결과의미를 나타낸다는 것을 알 수 있다.

2) 보어가 주변성분을 지향하는 동결식 동사복사구문

앞 절에서 분석한 보어가 주어를 지향하는 동사복사구문은 보어의 뒤에 빈어가 출현하지 않는다. 이와 달리 보어가 보어자신의 빈어를 지향하는 동사복사구문은 보어 뒤에 다시 빈어가 출현하는데, 예를 들면 다음과 같다.

A그룹

(37) 他唱歌唱啞了嗓子。
그는 노래를 불러서 목이 쉬어버렸다.

(38) 爸爸剁牛肉剁鈍了兩把刀。
아버지는 소고기를 썰면서 칼 두 자루를 무디게 했다.

(39) 孩子洗衣服洗濕了鞋了。
아이는 옷을 빨다가 신발을 적셨다.

王紅旗(2001:9)

B그룹

(40) 嗓子喝酒喝啞了。
목은 술을 마셔서 쉬어버렸다.

(41) 毛巾擦桌子擦臟了。

수건은 상을 닦다가 더렵혀 졌다.

(42) 棉鞋踩雪踩濕了。

솜 신발은 눈을 밟다가 젖게 되었다.

王紅旗(2001:9)

A그룹의 각 예문을 살펴보면, 예문(37)의 보어 '啞'는 '嗓子'[14]를 지향하고, 예문(38)의 보어 '鈍'는 도구성 빈어를 지향하며, (39)의 보어는 보어자신의 빈어성분을 지향한다. 王紅旗(2001:9)는 이와 같은 동사복사구문의 의미기능은 '동작행위의 영향에 의해 보어의 빈어가 어떠한 상태를 나타내게 됨'이라고 하였다. 그러나 필자는 王紅旗(2001:9)의 견해는 명확하지 않다고 생각한다. 왜냐하면 수동자 빈어구와 피동문도 이와 같은 의미를 나타낼 수 있기 때문이다.

다시 A그룹의 동사복사구문을 사건의 유형에서 보았을 때, 두 개의 단일 사건이 구성된 복합사건이라고 할 수 있다. 즉, (37)는 '他唱歌'와 '他嗓子啞了'가 결합된 복합사건이고, (38)은 '爸爸用刀多牛肉'와 '刀鈍了'가 결합된 복합사건이며, (39)는 '孩子洗衣服'와 '鞋子濕了'가 결합된 사건이다.

14 다만 '嗓子'는 주어의 신체 일부분이기 때문에, 보어의 의미지향이 주어에 있는 동결식 구조로 보는 경우도 있다.

그러므로 A그룹의 동결식 구조가 나타내는 의기는 'SVO사건이 발생하는 과정에서 의외적인 결과를 나타내는 사건이 발생하였음'이며, 이는 수동자 주어구 및 '被'자구가 강조하는 '수사의 피영향성 의미'와 달리, '과정에서 얻은 결과'를 강조한다.

다음으로 B그룹의 예문을 살펴보자. A그룹의 문장은 행위자가 주어인 것과 달리, B그룹의 세 문장의 주어는 전부 보어의 빈어이다. 때문에, B그룹의 동사복사구문이 나타내는 의미야 말로 王紅旗(2001:9)의 관점과 부합하다. 즉 '보어의 빈어가 동작행위의 영향을 받아 어떠한 상태를 나타내게 됨'을 나타낸다.

이상의 분석을 통해, 필자는 보어의 의미지향이 보어의 빈어에 있는 동결식 동사복사구문은 'SVO사건이 발생하는 과정에서 의외적인 결과를 나타내는 사건이 발생하였음'과 '보어의 빈어가 동작행위의 영향을 받아 어떠한 상태를 나타내게 됨'의 두 가지 의미를 나타낸다고 본다.

3) 보어가 빈어를 지향하는 동결식 동사복사구문

李訥 · 石毓智(1997:32-35)는 동결식 동사복사구문의 사용을 제약하는 요소는 보어와 빈어의 연관성이라고 하였다. 즉 보어가 빈어를 지향하거나 빈어와 통사적인 관계가 있을 경우, 동사복사구문의 사용은 선택적이라는 것이다. 두 학자의 견해에 부합하는 예문을 들어 설명하자면 다음과 같다.

(43) a. 我听懂了他的話。

나는 그의 말을 알아들었다.

黃晓琴(2006:69)

b. 我听他的話听懂了。

나는 그가 무슨 말을 하는지 알아들었다.

c. 我懂了他的話。

나는 그의 말을 이해했다.

(44) a. 他住這个臟亂差的地方住够了。

그는 이 더럽고 지저분하고 후진 곳에 사는 것에 질렸다.

b. 他住够了這个臟亂差的地方。

그는 이 더럽고 지저하고 후진 곳에서 더 이상 살고 싶지 않다.

예문(43)의 보어 '懂'은 행위자가 동작행위에 대한 심리적 인지결과를 나타낸다. 의미지향으로 보았을 때에는 주어를 지향하지만, 빈어와도 타동관계가 있다. 그러므로 동사복사구문과 주동빈 구문형식을 전부 취할 수 있다. 黃曉琴(2006:69)[15]에 따

15 黃曉琴(2006:69)은 '他的话'를 수동자 빈어로 보았다. 그러나 이런 유형의 동결식 구조가 빈어에 대한 제약조건은 한정적이어야 된다. 예컨대, 다음 예문과 같이, 비 한정적인 성분이 빈어로 출현하면 비문이 된다.

(5) a. *我听話听懂了。

b. *我听懂了話。

c. *我懂了話。

르면, 문장의 보어가 '懂 / 明白 / 會' 등 동사 성분일 경우, 보어와 빈어는 직접적인 타동관계를 나타내지 않아도 된다.[16] 예컨대, 예문 (43c)와 같다. 예문 (44)의 동결식 보어 '够'는 주어를 지향하며, 주어의 심리적인 느낌을 나타낸다. 그러나 '够'는 빈어를 지닐 수 있기 때문에, 예문 (44)도 선택적 동사복사구문에 속한다.[17]

다음 예문도 살펴보자.

---

16 黃曉琴(2006:69) 참조.

17 李小榮(1994:34)에 따르면 보어가 '慣 / 够 / 膩 / 厌 / 熟' 등과 같이 행위자가 어떠한 사물에 대한 심리 혹은 생리적인 느낌을 나타내는 성분으로 충당할 경우, 술어는 오로지 타동사 또는 처소 빈어를 지닐 수 있는 자동사로 충당할 수 있으며, 이때 구성된 동결식 구조는 빈어를 지닐 수 있다. 예를 들면 다음과 같다.

(6) a. 听慣了這种聲音。
이런 소리를 듣는 것에 익숙해졌다.
b. 吃够了紅燒肉。
紅燒肉에 질렸다.
c. 听膩了軟綿綿的歌儿。
나른한 노래를 듣는 것에 질렸다.
d. 住慣了北京。
북경에 사는 것에 익숙해졌다.
e. 跑熟了北京城的大小茶館。
북경의 크고 작은 찻집을 잘 익혔다.

李小荣(1994:34)

A그룹

(45) a. 寫錯(了)字。
　　　글자를 틀리게 썼다.
　　b. 寫字寫錯了。
　　　글자를 썼는데 틀리게 썼다.

(46) a. 炒糊(了)菜。
　　　요리를 태웠다.
　　b. 炒菜炒糊了。
　　　요리를 했는데 태우게 되었다.

B그룹

(47) a. 剪短了頭發。
　　　머리를 짧게 잘랐다.
　　b. 剪頭發剪短了。
　　　머리를 생박보다 짧게 잘랐다.

(48) a. *剪長了頭發。
　　b. 剪頭發剪長了。
　　　머리를 생각보다 길게 잘랐다.

马真・陆俭明(1997b:17-18)

A그룹 두 예문의 보어성분 '錯'와 '糊'는 전부 빈어 성분을 지향하면서, 빈어와 통사적인 관계도 있다. 그러므로 주동빈구문 형식과 동사복사구문 형식을 전부 사용할 수 있으며, 두 구문형

식은 동일한 의미를 나타낸다. 그러므로 A그룹의 동사복사구문은 선택적 동사복사구문이다.

그러나 B그룹의 두 예문을 살펴보면, (47b)는 비록 동사복사구문 형식을 사용하였지만, 주동빈구문 형식을 사용한 (47a)와 완전히 다른 의미를 나타낸다. (47a)는 동작행위 '剪'의 결과를 나타내고, (47b)는 평가의미를 나타낸다. 반면 예문 (48)의 '剪長'은 주동빈구문 형식을 사용할 수 없을 뿐만 아니라, 동작의 결과도 나타낼 수 없으며, 오로지 평가의미만 나타낼 수 있다.[18] 馬眞・陸儉明(1997b:17-18)은 이와 같은 차이점을 초래한 원인은 '剪'의 의미와 연관된다고 하였다. 두 학자의 견해에 따르면, '剪短'은 순 방향적이기 때문에, 결과의미와 평가의미를 모두 나타낼 수 있는 반면, '剪長' 역 방향적이기 때문에, 오로지 평가의미만 나타낼 수 있다는 것이다.

馬眞・陸儉明(1997b:17-18)의 분석은 (47a)와 (47b)가 나타내는 의미기능의 차이점에 대해 설명할 수 있으나, A그룹과 B그룹 문장의 구문형식 간의 차이점에 대해 설명할 수 없다. 즉 A

18 馬眞・陸儉明(1997b:17-18)이 '剪短', '剪长'에 대한 의미분석은 이 책과 다른 점이 있다. 이 책에서 '剪短了头发'의 '剪短'을 '결과의미'로 보고 있지만, 馬眞・陸儉明(1997b:17-18)은 '예상한 결과의 실현'으로 보고 있다. 또한 이 책에서는 '剪头发剪短了'와 '剪头发剪长了'가 나타내는 의미기능을 '평가의미'로 보고 있지만(이와 상관된 문제는 제 4장에서 분석 할 것임), 馬眞・陸儉明(1997b:17-18)은 '예상한 결과를 벗어남'으로 보았다.

그룹의 동결식은 왜 주동빈구문형식과 동사복사구문의 형식을 전부 사용할 수 있을 뿐만 아니라, 같은 의미를 나타낼 수 있는지에 대해 설명할 수 없다. 이 책에서는 그 원인이 V의 의미에 있다고 생각하며, 구체적으로 분석하고자 한다.

彭國珍(2011)은 '織 / 盖 / 做 / 炒 / 寫 / 畫' 등 동사를 제작성류 동사(effective verb)라고 부르고, '洗 / 打 / 看 / 擦' 등 동사를 영향성류 동사(affective verb)로 불렀다. 또한, 그는 제작성류 동사의 결과는 무에서 유가 되는 과정이고, 영향성류 동사는 빈어가 애초부터 존재하였기 때문에, 단지 동사의 작용에 의해 위치변화 또는 상태의 변화가 생길 뿐이지, 새로운 사물이 생겨나지는 않는다고 하였다.

彭國珍(2011:134)의 분석에 의하면, '寫'와 '炒'는 제작성류 동사에 속하기 때문에, 사건 '寫字'와 '炒菜'가 나타내는 자연적인 결과는 일종의 객관적인 기준에 의한 것이다. 예컨대, '對', '錯', '糊' 등과 같다. 다시 말하자면, 행위자의 동작행위가 이러한 객관적인 결과에 도달하였는지를 나타낸다. '寫錯'와 '炒糊'는 '행위자의 동작행위가 나타내는 결과가 예상한 객관적인 결과를 벗어났음'을 나타낸다. 이와 같은 의미는 주동빈구문 형식과 동사복사구문 형식으로 전부 나타낼 수 있다. 반면 '剪'은 영향성류 동사에 속하는데, 영향성류 동사는 방향성을 지니고 있기 때문에 보어의 의미지향은 동사복사구문의 사용에 제약작용을 한다.

이어서 다음의 예문도 살펴보자.

(49) a. 他碰倒了椅子。

그는 의자를 건드려 넘어뜨렸다.

b. *他碰椅子碰倒了。

c. 他把椅子碰倒了。

그는 의자를 건드려 넘어뜨렸다.

(50) a. 張三踢破了鞋。[19]

張三은 (공을 차다가)신발을 망가뜨렸다.

何元建(2011:270)

b. *張三踢鞋踢破了。

c. 張三把鞋踢破了。

張三은 (공을 차다가)신발을 망가뜨렸다.

위의 두 예문에서, 보어 '碎'와 '破'는 전부 대상을 지향하며, 전부 행위자의 동작행위가 대상에 끼친 영향을 나타낸다. 李訥·石毓智(1997:32-38)에 따르면, 보어의 의미지향이 빈어에 있는 경우에는 동사복사구문을 사용해도 된다. 그러나 위의 예문 (49)과 (50)는 주동빈구문 형식과 '把'자구 형식을 모두 사용할 수 있지만 유독 동사복사구문 형식은 사용할 수 없다. 이러

19 "张三踢破了鞋。" 중의성이 있는 문장이다. 예문 (52)와 같이, '공을 차다가 신발을 망가뜨림'을 나타낼 수 있는 것 외에도, '발길질로 신발을 망가뜨림'의 의미도 나타낼 수 있다. 그러나 두 번째 의미는 이 책의 연구대상이 아니므로 제외시키도록 하겠다.

한 현상이 나타나게 된 이유는 무엇일까?

張伯江(2002:489)에 따르면 일반적인 '주어+술어+빈어'구조의 행위자는 반드시 의지가 있어야 하며, 강한 타동성을 지니고 있어야 한다. 반면 '把'자구와 '被'자구의 행위자는 의지성이 낮으면서 약한 타동성을 지니고 있다. 왜냐하면 행위자의 의지가 낮을 경우, 일반적인 '주어+술어+빈어'구조를 취할 수 없지만, 이와 대응하는 '把'자구와 '被'자구로는 쓸 수 있기 때문이다. 예를 들면 다음과 같다.

(51) a. ?陰雨困住了遠道的客人。
b. 陰雨把遠道的客人困住了。
장마는 멀리에서 온 손님의 발목을 잡았다.
c. 遠道的客人被陰雨困住了。
멀리에서 온 손님은 장마에 발목이 잡혔다.
张伯江(2002:489)

하지만 宋文輝(2005:59)가 지적한 바와 같이, 예외적인 경우도 존재한다. 예를 들면 다음과 같다.

(52) a. 他打死了老張。
그는 老張을 때려죽였다.
b. 他蓄意打死了老張。
그는 의도적으로 老張을 때려 죽였다.

c. 他失手打死了老張。

그는 실수로 老張을 때려죽였다.

宋文辉(2005:59)

위 예문(52a)에서 행위자의 의지는 사실 명확하지 않다. (52b)와 같이 고의적일 수도 있고, (52c)와 같이 뜻밖의 경우(즉 고의가 아닌 경우)일 수도 있다.

따라서 행위자의 의지성에서 보았을 때, '碰倒了椅子'는 비의지성 사건에 속한다. 그러므로 '碰', '打' 등 행위자의 비의지성을 나타내는 동사는 동사복사구문에 출현할 수 없다. 이는 현대중국어 동사복사구문은 행위자의 의지성이 강한 형식이라는 점을 설명한다.

보어의 의미지향이 빈어에 있는 동결식 동사복사구문은 구체적으로 두 가지 의미를 나타낸다. 첫 번째 의미는 '주어가 빈어가 나타내는 사물 혹은 현상에 대한 심리적인 느낌'이고, 두 번째는 '행위자의 동작행위가 나타내는 결과의미'이며, 이 '결과의미'는 대부분 예상을 벗어난 결과를 나타낸다.

또한, 만약 보어와 빈어는 타동관계이며, 보어의 의미지향이 주어에 있을 경우(예컨대, '吃腻'와 같음), 동사복사구문의 사용은 선택적이고, 만약 동사는 성류 동사일 경우, 동사복사구문과 주동빈구문 형식은 흔히 '예상한 결과를 벗어남'을 나타낸다. 아울러 만약 동사가 영향성류 동사일 경우에는 동작의 방향성과 행위자의 의지성도 동사복사구문의 생성에 제약작용을 한다.

종합해서 말하면, 예상의 결과를 벗어남이나 영향성류 동사일 경우 순방향성, 행위자의 강한 의지성이 동사복사구문의 생성기제가 된다.

3. '得'자구 동사복사구문

본장에서는 '得'자구 동사복사구문이 어떠한 의미기능을 나타내는지에 대해 분석할 것인데, 주로 동결식 구조와 비교하여 서술하고자 한다.

동결식 구조와 '得'자구의 차이점에 대해, 屈承熹(1999/2010)은 다음과 같은 문장을 제시하면서 분석하였다.

(53) a. 看見 / *看得很見
　　보다.
b. 听見 / *听得很見
　　듣다.
c. 睡着 / *睡得很着
　　잠들다.
d. 摔倒 / *摔得很倒
　　넘어지다.

e. 打破 / ?打得很破

깨다.

(54) a. 吃飽 / 吃得很飽

배부르다.

b. 看懂 / 看得很懂

이해하다.

c. 長高 / 長得很高

자라다.

d. ?走穩 / 走得很穩

/ 평온하게 걷는다

e. ?考好 / 考得很好

/ (시험을) 잘보다

f. ?玩高興 / 玩得很高興

/ 즐겁게 놀다.

(55) a. 開快 / 開得很快

빨리 운전하다.

b. ?吃痛快 / 吃得很痛快

/ 잘 먹다.

c. *笑開心 / 笑得很開心

/ 즐겁게 웃다.

d. *活辛苦 / 活得很辛苦

/ 힘들게 살다.

e. *笑站不起來 / 笑得站不起來

/ 설 수 없을 정도로 웃다.

f. *講大家都不懂 / 講得大家都不懂。

/ 모두가 알아들을 수 없게 말하다.

屈承熹(2010:302)

屈承熹(2010:302)는 (53)의 각 문장은 대부분 동결식 형식을 많이 사용하였고, (55)의 각 문장은 '得'자구를 많이 사용했으며, (54)는 (53)과 (55) 사이에 속한다고 하였다. 또한 그는 예문 (53)과 (54)의 차이점은 '행동'과 '결과' 사이의 긴밀한 정도에 의해 결정된다고 보았다. 즉 일반적인 결과일수록 '得'의 도움이 필요 없어다는 것이다. 예문(53)의 경우 만약 일반적인 상황에서 결과를 예상할 수 없다면, '得'의 도움이 필요하고, 예문(54)와 (55)를 구분할 때, 행동과 결과의 긴밀한 정도 외에 보어형식의 長短도 고려해야 된다고 보았다. 즉, 보어가 길어질수록 '得'의 도움이 필요하다는 것이다. 또한 예문 (53), (54), (55) 사이는 상호 교차되어있기 때문에, 선을 긋듯이 명확하게 분류하기 어려우며, 상황에 따라 달라진다고 하였다.

이와 같은 屈承熹(2010:302)의 분석에 근거하여, 다음과 같은 결론을 얻을 수 있다. 즉, 결과의미가 동작행위를 지향할 경우에는 동결식 구조만 사용하는 경향이 있고, 결과의미가 강하지 않거나 묘사적인 경우에는 '得'자구를 사용하는 경향이 있으며, 중간에 위치하는 빈어 또는 주어를 지향할 때에는 동사복사구문과 '得'자구 형식을 전부 사용할 수 있다.

이 책에서는 우선 동결식 동사복사구문과 '得'자구 동사복사구문이 같은 의미를 나타내는 경우에 대해 분석하고자 한다. 다음의 예문을 살펴보자.

(56) a. 吃玉米吃胖了。
옥수수를 먹어서 살이 쪘다.
b. 吃玉米吃得胖了。
옥수수를 먹어서 살이 찌게 되었다.

(57) a. 跑步跑累了。
달리다가 지쳤다.
b. 跑步跑得累了。
달리다가 지치게 되었다.

范晓(1993:67-68)

范曉(1993)은 두 예문에서 동결식 동사복사구문과 '得'자구 동사복사구문의 의미는 같다고 보았으며, '得'자의 유무는 단지 화용적인 차이와 전달하는 정보가 다르다는 점을 나타낸다고 보았다. 范曉(1993)에 따르면, 동결식 동사복사구문은 동작의 결과를 설명하고, '得'자구 동사복사구문은 동작으로 인해 일어나거나 나타나는 상황을 표현하는 데에 목적이 있다.

이 외에도 郭繼懋 · 王紅旗(2001:15)는 정보처리 각도에서 동결식 동사복사구문과 '得'자구 동사복사구문이 나타내는 결과의미에 대해 분석하였데, 그들은 현대중국어에서 '결과'에 대한 정보 전달방식은 적어도 부각되는 정도가 다른 세 가지 처리방식이 존재한다고 보았다. 예를 들면 다음과 같다.

(58) a. 喝了。
　　마셨다.
　b. 喝光了。
　　다 마셔버렸다.
　c. 喝得一点都沒剩。
　　하나도 남김없이 깨끗이 마셨다.

郭继懋 · 王红旗(2001:15)

예문 (58)의 각 문장을 살펴보면, (58a)가 가장 덜 부각된 결과이다. (58b)는 '…喝了'보다 결과가 부각되는 정도가 크며, (58c)는 부각되는 정도가 (58b)보다 크다고 할 수 있다.

屈承熹(1999/2010)과 郭継懋 · 王紅旗(2001:15)의 관점을 근거로 하면, '得'자구 동사복사구문과 동결식 동사복사구문이 전달하는 정보가 다른 이유는 '현저성'의 차이에서 생겨난 것이라고 생각한다. 즉, 동사복사구문의 결과는 원인과 결합하여 하나의 단일 완형을 형성함으로써 전체를 부각시키는 반면, '得'자구 동사복사구문의 결과는 상당히 높은 표현가치로 여겨지기 때문에 특별하게 부각이 된다. 그러므로 흔히 상대적으로 복잡한 구조를 사용한다(郭継懋 · 王紅旗, 2001:15). 예를 들면 다음과 같다.

(59) a. 那也是一个黃昏，他們逛街逛累了，就坐在這張椅子上休息。

그 때도 해질 무렵이었다. 그들은 거리를 돌아다니다 지쳐 이 의자에 앉아 쉬었다.

b. 我逛街逛得直想吐，暈暈的，難受死了。

나는 토하고 싶을 만큼 어지럽고 견디기 힘들 정도로 거리를 돌아다녔다.

BCC 코퍼스

예문(59a)에서 '逛街逛累了'는 원인인 '逛街'와 결과인 '累了'가 함께 부각 되었지만, (59b)에서는 '결과'가 더욱 부각되었다. 주어가 '累'의 결과를 묘사하는데 있어 더욱 복잡한 구조가 사용된 것이다. 이런 유형의 문장구조는 다음 예문과 같이 표현할 수도 있다.

(60) 逛街逛得我直想吐，暈暈的，難受死了。

나는 토하고 싶을 만큼 어지럽고 견디기 힘들 정도로 거리를 돌아다녔다.

'得'자구 동사복사구문의 결과의미는 주어를 지향하기 때문에, 예문(60)의 주어는 '得'의 뒤에 출현할 수 있으며, 이때 보어는 하나의 절을 구성하며, 전체로써 문장의 결과를 부각한다.

이어서 '得'자구 동사복사구문만 사용할 수 있는 예문을 살펴보자.

(61) 這孩子吃飯吃得地上都是飯粒儿。

이 아이는 밥을 먹으면 바닥이 온통 밥풀이다.

(62) 爺爺看電視看得哈哈大笑。

할아버지는 텔레비전을 보며 박장대소하셨다.

(63) 老張頭正在獨自喝酒, 喝得滿臉通紅。

老張頭는 혼자 술을 마시고 있는데, 얼굴이 전체적으로 빨개졌다.

范晓(1993:57)

예문(61)은 의미지향이 없는 '得'자구 동사복사구문이다. 반면 (62)와 (63)의 보어 '哈哈大笑'와 '滿臉通紅' 또한 문장의 주어를 지향하며, 주어 동작행위의 결과를 나타낸다.

아래의 예문을 살펴보자.

(64) a. 祥林嫂想儿子想瘋了。

祥林嫂는 아들이 보고 싶어서 정신이 나갔다.

b. 祥林嫂想儿子想得瘋了。

祥林嫂는 아들이 미치도록 보고 싶었다.

(65) a. 今天我們拔河拔贏了。

오늘 우리는 줄다리기를 해서 이겼다.

b. *今天我們拔河拔得贏了。

위의 두 문장 중에서 (64)는 복합 사건에 해당하는데, 첫 번째 사건인 '祥林嫂想儿子'는 두 번째 사건인 '祥林嫂瘋了'의 원인이 된다. 이런 경우 동결식 동사복사구문과 '得'자구 동사복사구문 형식을 모두 사용할 수 있다. 예문 (65)는 단일 사건에 해당하며, '赢了'는 줄다리기의 결과의미를 나타내기 때문에 비사역성 의미에 속한다. 따라서 '得'자구 동사복사구문을 사용할 수 없다. 그러므로 '拔河'와 같이 경쟁성 결과를 나타내는 보어는 흔히 동결식 동사복사구문에 출현한다.

이상으로 동결식 '得'자구 동사복사구문의 의미기능에 대해 동사복사구문과 비교하여 분석하였다. 이 외에도 결과의미를 나타내는 '得'자구 동사복사구문은 구체적인 문맥에서 보어를 생략할 수도 있다. 張旺熹(2004:51)는 '得'자구 동사복사구문에 특수한 형식이 있다고 보았다. 이 구조에서 결과 의미를 나타내는 성분은 문맥에서 생략되거나 이동해서 'VOV得(的)'의 형식을 구성한다. 이런 유형의 동사복사구문은 통사적, 의미적으로 문법화 정도가 가장 높은 동사복사구문구조이며, 객관적으로 존재하지만 예상하지 못한 우연성의 인과관계를 나타낸다(張旺熹 2004:51).

劉雪芹(2003), 孫紅玲(2005)을 비롯한 학자들은 이런 유형의 동사복사구문을 보어가 없는 형식의 동사복사구문이라고 칭하였고, 원인을 설명하는 기능을 한다고 보았다.

(66) A： 我今天腿酸疼。[20]

나 오늘 다리가 쑤셔.

B： 估計是昨天打籃球打的。

어제 농구해서 그런가 봐.

(67) 胳膊怎么使不上勁了呢？ 難道是養病養的？

왜 팔에 힘이 안 들어가지? 요양을 해서인가?

BCC 코퍼스

예문 (66)에서 '昨天打籃球打的'은 '我今天腿疼'에 대한 설명이고, 문장(67)에서 '養病養的'는 '胳膊使不上勁了'에 대한 설명이다. 아래 예문을 다시 살펴보자.

(68) A： 你今天怎么遲到了？

너 오늘 왜 늦었어?

B：a. *起床起的。

b. 起床起晚了。

늦게 일어났어.

c. 堵車堵的。

차가 막혔어.

위의 문장을 보면 알 수 있듯이 'VOV的'을 사용하려면 조건이 필요하다. VO가 나타내는 의미는 반드시 지속 가능하거나 반복

20 顧龍飛(2015:38)에서 인용.

의 의미여야 한다. '起床'은 비지속적 사건으로 이러한 유형의 구조에 사용할 수 없다. '起床起得他遲到了'는 쓸 수 없지만 '堵車'는 지속의 의미가 있어서 "堵車堵得他今天遲到了。"는 성립이 된다.

지금까지 이 유형 구조의 의미적 기능을 살펴보았다. 이제 이 책에서는 이 유형 구조의 말미에 위치한 '的'에 대해 논의하고자 한다. 학자들은 'VOV的'을 '得'자 결과보어의 생략된 형태로 보는 경향이 있다. 여기에서 '得'이 문자로 표현되면 '得'을 반드시 '的'[21]으로 써야 한다.

劉雪芹 등의 학자들의 견해에 따라 예문(68)과 (69)의 결과성 성분을 바꾸어 보면 다음과 같다.

(69) 打籃球打得腿疼了。
농구를 해서 다리가 쑤셨다.

(70) 養病養得胳膊使不上勁儿了。
요양 중이라 팔 힘을 못 쓰게 되었다.

袁毓林(2003)은 동사적 성분이 술어의 핵심 역할을 하는 문장을 사건구(event sentences), 문말에 '的'이 있는 문장을 사태구(state-of-affairs sentences)라고 불렀는데, 여기서 사태구는 사

21 劉雪芹(2003:42)에서 인용.

건구에서 파생된 것이다. 예문(66)과 (67)에 대응되는 사태구는 다음과 같다.

(71) (是)打籃球打得腿疼的。
　　농구를 해서 다리가 쑤신 것이다.

(72) (是)養病養得胳膊使不上勁儿的。
　　요양 중이라 팔 힘을 못 쓰게 된 것이다.

(71)와 (72)에서 '是'는 중점이 되는 내용(초점)을 표시하는 역할을 하는데 즉 '打籃球'와 '養病'이 문장의 초점이 된다.

이 밖에도 아래 예문은 'VOV的'에서 '的'이 '得'과 같지 않다는 걸 보다 잘 설명해준다.

(73) a. 父親死了, 莫名其妙地死了, 是打針打死的。
　　아버지가 돌아가셨다. 영문도 모른 채 돌아가셨다. 주사를 맞고 돌아가신 것이다.
　b. 父親打針打死了。
　　아버지는 주사를 맞고 돌아가셨다.

(74) a. 到安徽見着老爸, 就問他 : "老太太是怎么死的?"
　　老爸擦掉眼泪說 : "唉! 睡覺睡死的。"
　　안후이로 가서 아버지를 만나 물었다. 할머니가 어떻게 돌아가신 거예요? 아버지는 눈물을 닦으며 말씀하셨다. 주무시다가 돌아가셨어.

b. 老太太睡覺睡死了。

할머니는 주무시다가 돌아가셨다.

BCC코퍼스

예문(73), (74)과 (66), (68)는 문장에 결과성 성분이 존재하는지 여부로 구분할 수 있다. 이런 유형의 사태구는 '得'자구 동사복사구문으로 전환 수 없고 동결식 동사복사구문형식을 써야만 된다. 따라서 (66)와 (67)에서 문말에 출현한 '的'은 '得'으로 볼 수 없다. 그러므로 문말의 '的'과 구조조사 '得'이 동일성을 지닌다고 주장한 劉雪芹(2003), 顧龍飛(2015)의 주장은 적절하지 않다.

본장에서는 현대중국어 동사복사구문의 결과범주에 대해 분석하였으며, 현대중국어 동사복사구문이 나타내는 전형적인 결과의미는 크게 두 가지가 있다. 첫째는 '사건 VO의 양의 축적 또는 VO의 영향으로 인해, 주어 S에 새로운 상태 혹은 새로운 결과가 생겼음'을 나타낸다. 둘째는 '사건 SVO가 진행되는 과정에서 예상을 벗어난 결과 혹은 행위자의 비 의도성 결과가 생겼음'을 나타낸다.

이상 두 가지 전형적인 결과의미 외에, 일부 동사복사구문은 '예상한 결과가 실현되었음'을 나타낼 수도 있다. 예컨대, "拔河拔赢了。"와 "讀書讀出成果。"가 바로 그런 경우이다.

또한, 현대중국어에서 결과의미를 나타내는 전형적인 동사복사구문은 개빈구 동사복사구문, 동결식 동사복사구문 및 '得'자구 동사복사구문 세 가지 유형이 있다. 동사복사구문이 강제적으로 사용되는지, 아니면 선택적으로 사용되는지에 관해서는 이 세 가지 유형의 동사복사구문이 나타내는 양상이 각각 다르다. 개빈구 동사복사구문의 제약요소는 주로 보어와 빈어 사이에 통사적인 관계가 있는지의 여부이다. 만약 통사적인 관계가 존재한다면, 동사복사구문을 선택적으로 사용할 수 있다. 예컨대, "打人打成了習慣。"은 동사복사구문을 사용해도 되고, 연동문 형식을 사용해도 된다. 동결식 동사복사구문 사용 제약요소는 행위자의 의도성, 보어의 의미특징, 보어와 빈어, 주어의 관계이다. '得'자구 동사복사구문을 사용해야 되는 조건은 보어의 음절길이 외에도 의미기능 측면의 이유도 있다. 즉, 동결식은 원인과 결과를 하나의 완형으로 결합하는 경향이 있지만, '得'자구 동사복사구문은 동작이 초래한 결과상태를 더욱 부각한다. 아울러, '赢'과 같이 경쟁성 결과의미를 지니고 있는 경우는 '得'자구 동사복사구문 형식을 사용하기 어려우며, 흔히 동결식 동사복사구문을 사용한다.

제4장

현대중국어 동사복사구문의 평가범주

張旺熹(2004)에 따르면, 동사복사구문의 전형적인 의미기능은 '예상한 결과를 벗어남'과 '동작행위의 비정상량'이다. 또한, 평가의미를 지니고 있는 동사복사구문은 '사회적 평가'를 나타낸다고 주장하였다. 여기에서 '사회적 평가'는 일정한 사회적 기준으로 보는 주관적인 평가이며, '예상한 결과를 벗어남'의 의미를 기준으로 삼은 것이다. 그러나 張旺熹의 기준은 너무 주관적이고 설득력이 떨어진다고 생각한다. 아래와 같은 예문은 '예상한 결과를 벗어남'을 나타냈다고 말하기 힘들다

(1) 毛澤東看鄧小平看得很准。

毛澤東은 鄧小平을 정확하게 보았다

张旺熹(2004:53-55)

李咸菊(2004:57-59) 또한 "早上記單詞記得牢。"와 같은 동사복사구문은 평가성 동사복사구문에 속한다고 하였으며, 주관적인 어기를 지니고 있다고 주장하였다. 그러나 이상의 두 학자는 단지 평가의미를 나타내는 동사복사구문을 나열했을 뿐, 구체적으로 서술하지 않았다.

필자가 보기에 평가범주의 내재적 근거는 화자에 있다. 한 사건은 여러 가지 다른 주관적인 시점으로 관찰 할 수 있다. 주관적 시점은 다시 내부시점과 외부시점으로 구분할 수 있는데, 여기서 내부시점이란 관찰자가 사건의 주체 혹은 객체가 되며, 사건의 내부요소를 말한다. 외부시점이란 관찰자가 사건의 내부요소가 아닌 방관자로 존재한다(張萬和, 2007:15). 그러므로 엄격하게 말해서, 문장의 시점은 행위자(agent-oriented)로부터 취한 것과 화자(speaker-oriented)로부터 취한 것 두 가지가 존재한다.

평가범주를 나타내는 문장은 화자가 방관자의 입장에서 외부시점으로부터 전체 사건 혹은 사건 중의 어떤 요소에 대해 관찰하거나 평가하는 것이다.

다시 말해서, 평가란 화자 혹은 필자가 어떠한 사물(한 사람이나 사건, 생각 등)에 대해 좋거나 나쁘거나 긍정하거나 부정하는 태도를 일컫는다. 평가는 절대평가와 상대평가, 긍정평가와 부정평가, 그리고 일반평가와 개별평가 등으로 분류할 수 있다.(李發根, 2006:1).

현대중국어에서 평가의미를 나타내는 전형적인 구조는 주술구조이다. 주술구조에서 주어는 평가의 대상이고, 술어는 평가 내용이다. 현대중국어에서 평가의미를 나타내는 전형적인 구문 형식은 화제문, 동사복사구문과 준 한정어구이다. 그러므로 본 장에서 동사복사구문이 나타내는 평가의미를 분석할 때, 주로 화제구문 및 준 한정어구와 연관시켜 분석할 것이다. 구체적으로는 동사복사구문이 나타내는 평가의미의 유형과 타 구문형식 사이에 어떠한 차이점이 존재하는지에 대해 분석하고자 한다.

1. 비행위자 주어 동사복사구문

비행위자 주어 동사복사구문이 나타내는 의미는 S가 VO에서의 속성 혹은 특징으로 개괄할 수 있으며, 통사구조 형식은 'SVOV得C'로 표현할 수 있다. 다음 예문을 먼저 살펴보자.

(2) 這种毛筆寫字寫得漂亮。
이 붓은 글씨가 예쁘게 써진다.

(3) 這种刀切肉切得快。
이 칼은 빠르게 고기를 자른다.

(4) 這个路段堵車堵得厲害。
이 길은 차가 심하게 막힌다.

(5) 南方夏天下雨下得勤。
　　남쪽지방은 여름에 비가 자주 내린다.

(2), (3) 두 예문에서 주어는 '這种毛筆'와 '這种刀'인데, 이것들은 동작의 도구라서 '도구성 주어'라고 부른다. (4), (5) 두 예문에서 주어는 '這个路段'과 '南方'으로 장소를 나타낸다. 동사복사구문 형식이 묘사하는 대상은 장소의 특징이므로 '장소적 주어'라고 부른다.

陳平(1994:163-164)는 주제, 주어, 빈어와 의미역의 우선순위 원칙을 제시하였다.

① 주어와 빈어를 담당하는 의미역 우선순위
　施事 > 感事 > 工具 > 系事 > 處所 > 對象 > 受事

② 주제를 담당하는 의미역 우선순위
　系事 > 處所 > 工具 > 對象 > 感事 > 受事 > 施事

여러 가지 의미역 중, 행위자는 우선 동사와 가장 밀접한 관계를 지니고 있고, 그 다음으로는 수동자이다. 동사와 관계가 멀어질수록 주제를 담당하는 경향이 강하다. 또한 系事, 장소, 도구와 동사의 관계는 비교적 멀기 때문에 비교적 쉽게 주제 성분을 담당할 수 있다.

2. 행위자 주어 동사복사구문

행위자주어 동사복사구문은 다시 VO가 나타내는 사건 유형에 따라 두 가지 유형으로 분류할 수 있다. 첫 번째 유형은 주어의 관습적인 능력에 대한 평가이고, 두 번째 유형은 구체적인 사건에서 주어가 나타내는 능력에 대한 평가이다.

1) 주어의 능력에 대한 평가

본 절에서는 주어의 능력을 평가하는 동사복사구문에 대해 분석하고자 한다. 아래의 예문을 먼저 살펴보자.

	A그룹	B그룹
(6)	他打籃球打得好。 그는 농구를 잘한다.	他的籃球打得好。
	他唱山歌唱得好。 그는 노래를 잘한다.	他的山歌唱得好。
(7)	他刍老師刍得好。 그는 선생님 역할을 잘한다.	他的老師刍得好。
	他演父親演得好。 그는 아버지 연기를 잘한다.	他的父親演得好。

何元建(2011:424-425)

何元建(2011:424-425)은 위 예문에서 B그룹을 동사복사구문의 변형된 형태로 보았다. B그룹 각 예문에서 '的'은 동사복사구문의 첫 번째 동사의 빈자리를 대신하는 형태소로서 의미 기능을 전혀 하지 못한다. 예문 (6)에서 동사복사구문과 그것의 변형된 형태의 의미는 100% 일치하지만, 예문 (7)에서는 의미가 다를 수 있다. 何元建은 예문 (6)에서 VO 부분의 빈어가 비유정물 명사이므로 문장 형태가 바뀌더라도 여전히 V의 빈어라는 데서 그 이유를 찾는다. 한편 (7)에서 VO의 빈어는 유정물 명사이기 때문에 문장 형태가 바뀌었을 때 V의 빈어가 될 수도 있고 주어가 될 수도 있다는 것이다. 何元建은 변형된 문장 형태가 동사복사구문에서 파생되었고 기존 동사복사구문보다 더 경제적인 형태라고 보았다. 언어습득 면에서 보자면 아이들은 변형된 문장 형태를 먼저 배우고 나서 동사복사구문을 익혀야 한다.

邵靜敏(2009)과 史金生(2010)은 주어의 능력에 대해 평가하는 동사복사구문의 평가의미를 '능력 평가'라고 칭하였다. 현대중국어에서 이와 같은 평가의미를 나타내는 구문형식은 동사복사구문과 준 한정어구 외에 화제구문도 있다. 사실은 '他的籃球打得好'보다 더욱 경제적인 동사구조는 다음과 같다.

(8) 他籃球打得好。
그는 농구를 잘한다.

邵敬敏(2009:63-65)이 생각한 위의 세 예문의 생성순서를 적어보면 다음과 같다.

他打籃球打得好 → 他籃球打得好 → 他的籃球打得好

실제로 코퍼스에서는 다음과 같은 예문을 찾아 볼 수 있다.

(9) a. 你打籃球打得這么好，如果加入校隊，一定可以爲學校爭光。

이렇게 농구를 잘하니 네가 학교 팀에 들어가면 분명히 학교를 빛낼 수 있을 거야.

b. 你的籃球打得這么好，如果加入校隊，一定可以爲學校爭光。

c. 你籃球打得這么好，如果加入校隊，一定可以爲學校爭光。

BCC 코퍼스

위의 세 예문에서 (9a)는 동사복사구문형식, (9b)는 준 한정어 구, (9c)는 화제구이다. 단독으로 절을 만들 때 위 예문에서 세 문장이 나타내는 의미는 모두 같지만, 문장에서 다른 성분으로 쓰이거나 다른 성분으로서 문장 사이에 끼어 들어갈 때 위의 세 구조는 제한적으로 사용된다.

(10) a. 他們隊里打籃球打得最好的就是他呀。

그 팀에서 가장 농구를 잘하는 사람은 바로 그 사람이야.

b. *他們隊里的籃球打得最好的就是他呀。

c. 他們隊里籃球打得最好的就是他呀。

(11) a. 他不光籃球打得很好, 拳擊更是不錯。

그는 농구도 잘하지만 권투는 더 잘해.

b. *他不光的籃球打得很好, 拳擊更是不錯。

c. *他不光打籃球打得很好, 拳擊更是不錯。

예문 (10)에서 '他們隊里打籃球打得最好的'이 주어인데 동사복사구문 구조가 수식어로 쓰였다. 동사복사구문 구조에서 '打籃球打得最好' 부분에는 주어가 빠졌다. 이런 경우 준 한정어구를 사용할 수 없다. 주어가 없으면 준 한정어구도 없기 때문이다. 따라서 (10b)는 맞지 않는 구조다. 하지만 화제구로 쓰일 수는 있다. '他們隊里'는 주화제고 '籃球'는 차화제이다. 예문(11a)는 화제구로 '他'는 주화제, '籃球'와 '拳擊'는 차화제이다. '籃球打得很好'와 '拳擊更是不錯'이 대비적으로 나오는데 이 경우 준 한정어구와 동사복사구문형식은 어울리지 않는다.

李咸菊(2006)은 '得'이 이런 유형의 동사복사구문에서 동사와 보어를 연결하는 동보구조의 표지어로 기능한다고 보았다. 뿐만 아니라 이미 그렇게 된 동작이나 행위, 대개는 기정사실을 나타내며 결과보어의 앞에 위치하여 가정 혹은 평가를 나타내는 문장에 쓰일 수 있다고 여겼다. '得'의 한정성으로 인해 두 그룹의 문장은 '得'의 유무에 따라 화용론적으로 차이가 생긴다. '得'이 있는 문장에서 동사복사구문은 행위와 동작, 그로 인한 결과 혹은 존재하는 결과를 설명하는 데 초점이 맞춰져 설명과 진술의 어기를 담고 있다. 반면 '得'이 없는 동사복사구문은 동작이나 행위의 완성, 이미 그러하다는 의미도 없고, 동작의 결과를 설명하는 것도 아니지만 청유,명령의 의미는 내포한다.

(12) a. 我們掃地掃得干淨。
우리는 바닥을 깨끗하게 청소했다.
b. 我們掃地掃干淨。
우리가 바닥을 깨끗하게 청소하자.

(13) a. 你說話說得淸楚。
너는 분명하게 말을 했다.
b. 你說話說淸楚。
너 분명하게 말을 해.

李咸菊(2006:58)

이 책은 李咸菊의 의견에 대체적으로 동의하지만, 만약 주어에 대한 평가의 의미가 부정평가인데, '得'이 없는 동사복사구문은 청유, 명령의 의미를 나타낼 수 없고, 예문 (14)처럼 가능의 의미를 나타낸다.

(14) a. 小王掃地掃得不干淨。
小王은 바닥을 깨끗하게 청소하지 않았다.

b. 小王掃地掃不干淨。

小王은 바닥을 깨끗하게 청소할 수 없다.

c. 小王掃地不干淨。

小王이 청소한 바닥은 깨끗하지 않다.

상술한 예문(12b)(13b)는 '得'을 쓰지 않아서 청유,명령의 의미를 표시한다. 그러므로 주어에 대한 긍정의 평가 의미를 표현하려면 '得'을 생략할 수 없다. 예문(14)는 주어에 대한 부정 평가인데, '得 '이 없으면 가능의미를 나타냄으로, 평가의미를 표현하는 동사복사구문의 '得'은 임으로 생략할 수 없다.

2) 화자가 주어의 동작행위 혹은 결과에 대한 평가

화자가 주어의 동작행위 혹은 결과에 대한 평가를 나타내는 동사복사구문에서 VO는 구체적인 사건을 나타내며, 동사복사구문이 나타내는 의미는 해당사건의 주어 S에 상관된 평가이다. 예를 들면 다음과 같다.

(15) a. 他打籃球打得好。

그는 농구를 잘한다.

b. 他籃球打得好。

그는 농구는 잘한다.

c. 他的籃球打得好。

그의 농구실력은 좋다.

(16) a. 他昨天打籃球打得好。
그는 어제 농구를 잘했다.
b. *他昨天籃球打得好。
c. *他昨天的籃球打得好。

위에서 제시한 두 예문을 살펴보면,(15)의 '打籃球'는 습관적인 행위이고, '打得好'는 '他'의 능력 혹은 속성이다. 이런 의미를 나타낼 때에는 동사복사구문, 화제문, 준 한정어구 등의 형식을 전부 취할 수 있다. 그러나 예문(16)은 어떤 구체적인 사건의 S에 대해 평가를 하는 경우에는 오로지 동사복사구문 형식만 취할 수 있다. 다른 유형을 하나 더 분석해 보자.

馬眞 · 陸儉明(1997b:14)는 '挖淺了 / 買貴了'류를 甲형, 나머지 세 가지 형식[22]을 乙형이라고 하였다. 이와 같이 분류하는 원인은 두 가지 형식의 내부구조에는 다음과 같은 차이점이 존재하기 때문이다. 즉, 甲형은 형용사가 먼저 '了'와 결합한 다음 동사와 결합하고, 乙형은 먼저 동사와 결합한 다음 '了'와 결합한다

22 馬眞 · 陸儉明(1997b:14)은 'VA了'동결식이 총 네 가지 의미를 나타낸다고 하였다.

〈표2〉 马真·陆俭明(1997b:14)이 제시한 'VA了' 동결식의 네 가지 의미 분류

예상한 결과가 실현되었음	비 이상적인 결과가 출현하였음	자연적인 결과가 출현하였음	예상한 결과를 벗어남
晾干了 / 洗干淨了	洗破了 / 搞坏了	長高了 / 變紅了	挖淺了 / 買貴了

는 것이다. 내부구조가 다르기 때문에 '예상한 결과를 벗어났음'을 나타내는 'V+A+了'의 '了'는 반드시 출현해야 되지만, 기타 세 가지 의미를 나타내는 경우, '了'는 생략할 수 있다. 甲형 동결식은 빈어를 취할 수 없지만 乙형 동결식은 빈어를 취할 수 있다. 예를 들면 다음과 같다.

(17) a. *媽媽買貴了衣服。
b. 媽媽買衣服買貴了。
엄마가 옷을 샀는데, 비싸게 주고 샀다.

두 학자는 '買貴了'가 '예상한 결과에서 벗어남'을 나타낸다고 보았으며, (17a)가 비문이 되는 이유는 '買貴'의 의미제약 때문이라고 보았다. '買'라는 동작은 산 물건의 성질을 변화시킬 수 없다. 즉 동사 '買'는 '買'하게 된 사물의 성질에 대해 제약작용을 하지 못한다. 그러므로 '買貴了'는 오로지 '예상을 벗어남'의 의미만을 나타낼 수 있다.

王紅旗(2001)에 따르면, 이런 유형의 문장에서 의미지향은 비록 객체에 있지만, 보어는 상태가 아닌 평가를 나타낸다. 그러나 보어가 어떤 경우에 평가를 나타내고, 어떤 경우에 상태를 나타내는지에 관해서는 언급하지 않았다.

필자가 보기에는 사건 '買衣服'에서 '貴'에 대한 판정은 객관적인 기준이 없으며 전부 '화자 마음속의 기준'에 입각한 것이다.

이 기준은 지극히 주관적이며 사람에 따라 다를 수 있다. 예를 들면 다음과 같다.

(18) 我覺得媽媽買衣服買貴了, 多花了 "冤枉錢"。沒想到老爸在旁邊說道 : "貴什么呀這年頭儿, 一條裙子2000塊還算貴?"
나는 엄마가 옷을 비싸게 주고 사서, '헛돈'을 썼다고 생각했다, 그러나 뜻밖에도 아빠는 옆에서 "비싸긴 뭐가 비싸! 요즘 세상에 스커트 하나에 2000원 하는 것 도 비싸냐!" 라고 하셨다.

예문 (18)에서 '我'와 '爸爸'는 '貴'에 대한 기준은 다르다. '我'의 입장에서, 엄마가 산 옷이 제 값어치를 못하며, 엄마가 돈을 비싸게 주고 샀다고 생각한다. 반면 '爸爸'는 '媽媽'가 2000원을 써서 산 옷이 비싸지 않다고 여긴다. 그러므로 이 기준은 강한 주관성을 띄고 있음을 알 수 있다.
한 가지 주의해야할 점은, "妈妈买衣服买贵了。"는 다음과 같은 형식으로 표현할 수도 있다.

(19) (那件)衣服媽媽買貴了。
(그) 옷은 엄마가 너무 비싸게 샀다.

예문 (19)도 '媽媽買衣服'에 대한 기술이며, 이 문장 또한 '기준을 벗어남'을 나타낸다. 張旺熹(2004)에 따르면, 중국어 동사복사구문은 주로 '예상한 결과를 벗어 남'과 '동작행위의 초과량'

두 가지 의미범주만 나타낸다. 그러나 위 예문에서 알 수 있듯이, '예상한 결과를 벗어 남'은 동결식 구조가 나타내는 의미이지, 동사복사구문이 나타내는 의미가 아니다.[23]

"買衣服買貴了。"의 보어 '貴'의 의미지향에서 보았을 때, 빈어와 연관되며, 화자가 '행위자가 옷을 산 결과'에 대한 평가를 나타낸다. 이 외에도 본 유형의 동결식은 행위자의 동작행위에 대해서도 평가할 수 있다. 예를 들면 다음과 같다.

(20) a. *開快了車
b. 開車開快了
운전을 (너무) 빨리 한다 / 했다.

(21) a. *他唱快了歌。
b. 他唱歌唱快了。
그는 노래를 (너무)빨리 부른다. / 불렀다.

위의 두 예문 중에서, '開快'와 '唱快'는 화자의 평가를 나타낸다. 앞 뒤 문맥을 고려한다면, 이러한 평가범주 동사복사구문은 흔히 어떤 결과의 원인을 나타내는데, 예를 들면 다음과 같다.

---

23 張旺熹(2004)는 중국어의 동사복사구문이 주로 결과의 이탈성과 동작의 초과량 두 가지 의미범주를 나타낸다고 주장하였다. 그러나 위의 두 학자의 분석과 예문을 통해 알 수 있듯이, '예상한 결과를 벗어 남'이란 동결식의 의미이지 동사복사구문의 의미가 아니다.

(22) A：怎么會發生交通事故呢?

어떻게 교통사고가 났데?

B：他騎車騎快了。

자전거를 (너무) 빨리 탔어.

(23) A：他怎么沒進決賽?

그는 왜 결승전에 진출하지 못했어?

B：他唱歌唱快了。

그는 노래를 (너무) 빨리 불렀다.

예문 (22), (23)에서, 동사복사구문 형식은 어떠한 결과에 대한 해석을 나타낸다. 예를 들면, (22)에서 '發生交通事故'의 원인은 "他騎車騎快了。"이고, (23)에서 '他沒進決賽'의 원인은 '他唱歌的速度太快'이다.

본장에서는 현대중국어 평가범주 동사복사구문의 의미유형을 두 가지 유형으로 분류하였다. 평가범주 동사복사구문은 화자가 S의 특징, 속성 혹은 능력에 대한 평가를 나타낸다. 비 행위자 주어 동사복사구문은 도구성 주어와 처소 주어의 특징에 대해 평가한다. 반면 행위자 주어 동사복사구문이 나타내는 의미는 비교적 복잡하므로 준 한정어구 및 화제구와 각각 다른 전환관계가 존재한다.

제5장

현대중국어 동사복사구문의 계량범주

수량보어류 동사복사구문에 관해서는 학자들마다 명칭을 달리하고 있지만 내용은 대동소이하다. 劉雪芹(2003), 謝福(2014) 등은 계량류 동사복사구문을 세 가지 유형으로 나누었다. 즉 (1)의 예문과 같은 물량보어, (2)의 예문과 같은 동량보어, (3)의 예문과 같은 시량보어로 나누었다.

(1) 媽媽買黃魚買了三斤。
어머니께서 조기를 세 근 사셨다.

(2) 上个周末他打籃球打了兩場。
지난 주말 그는 농구를 두 게임이나 했다.
刘雪芹(2003:43)

(3) 我等他等了五个小時。

나는 그를 다섯 시간이나 기다렸다.

谢福(2014:455)

謝福(2014:455-456)은 세 가지 유형의 동사복사구문의 의미적 차이를 시간적 요소에 의한 것으로 보았다.[24]

구조형식 : 물량(A형식) → 동량(B형식) → 시량(C형식)
시간요소 : 시간 특징과 무관 → 시간 특징 내포 → 시간 특징 부각

谢福(2014:455-456)

謝福(2014)는 수량보어류 동사복사구문을 인지적 관점에서 분석하였다는 점에서 매우 의미있는 성과를 남겼다. 그러나 그는 수량보어로 이루어진 동사복사구문 중 어떤 구문에 '동의형식'이 존재하는지, 어떤 구문에 '동의형식'이 존재하지 않는지에 대해서는 설명하지 못했다.

---

24 謝福(2014:455-456)은 인지적 기제에서 물량사는 3차원 공간의 실현 대상으로 개체화되며, 공간의 범주에 속한다고 보았다. 또한 시량사는 사건 지속의 시간 대상으로 개체화 되며, 시간의 범주에 속한다. 동량사는 사건 본연의 대상으로 개체화되고, 어떤 사건이 특정한 공간에서 발생하는 과정에서 특정한 시간적 지속이 이루어지고, 이들은 서로 연관된다. 이에 따라 그는 세 가지 형식이 모두 연속선상에 있다고 본 것이다.

(4) a. 他寫文章寫了三十頁。

그는 글을 썼는데, 삼십 쪽이나 썼다.

刘雪芹(2003:43)

b. 他寫了三十頁文章。

그는 글을 삼십 쪽 썼다.

(5) a. 我去日本去過兩次。

나는 일본에 두 번이나 가 보았다.

Liu(1995/2014:455)

b. 我去過兩次日本。

나는 일본에 두 번 가 보았다.

c. 我去過日本兩次。

나는 일본은 두 번 가 보았다.

(6) a. 我等他等了五个小時。

나는 그를 다섯 시간이나 기다렸다.

謝福(2014:455)

b. *我等了五个小時他。

c. 我等了五个小時車。

나는 차를 다섯 시간동안 기다렸다.

d. 我等車等了五个小時。

나는 차를 다섯 시간이나 기다렸다.

위의 예문에서 (4)는 동사복사구문의 형식이나, 주동빈 형식도 사용될 수 있다. (5)의 예문은 세 가지 표현형식으로 나타낼 수 있고, (6a)의 예문은 오직 동사복사구문으로만 나타낼 수 있지만, 만약 빈어가 '車'로 바뀔 경우, 동사복사구문과 주동빈구조가 모두 가능하다.

그러므로 이 책에서는 명량구 동사복사문, 동량구 동사복사문, 시량구 동사복사문 각각에 대해 살펴보도록 하겠다.

1. 명량사구 동사복사구문

劉雪芹(2003:43)은 명량사가 동사복사구문에서 나타내는 동작이 갖고 있는 양의 정도가 명량사 V의 빈어성분을 충당한다고 설명하였다. 그러나 주동빈 구조에서도 역시 명량사는 동작이 갖고 있는 양의 정도를 나타낼 수 있는데, 예를 들면 다음과 같다.

(7) a. 媽媽買黃魚買了三斤。
어머니께서 조기를 샀는데, 세 근 사셨다.
刘雪芹(2003:43)

b. 媽媽買了三斤黃魚。
어머니께서 조기를 세 근 사셨다.

만약 동작으로 취득한 양의 측면에서 본다면, SVO형식과 동사복사구문형식을 막론하고, 모두 동작의 양을 나타낼 수 있다. 그러나 SVO형식은 단지 어떤 사건에 대한 객관적인 진술인 반면, 동사복사구문의 VO는 어떠한 가설을 제공하는 목적성 사건이다. 아래에서 두 가지 문장형식을 발화상황에 따라 분석해 보자.

(8) A：小王，去市場啦?

小王，시장에 갔어?

B：a. 是啊，買了一條魚，今晚紅燒。

응. 물고기 한 마리 샀어. 오늘 저녁에 조릴 거야.

b. *是啊，買魚買了一條，今晚紅燒。

(9) a. 有了錢還愁年嗎? 你看這屋里，這邊是滿箱的水果，那邊是成堆的魚、肉、菜。什么都不缺，樣樣有。以前買魚只買三四條，今天都是成坨成堆買。連孩子的鞭炮都上百元的買。

돈이 있다면 설을 (어떻게 세야 될지) 걱정할 필요가 있겠어? 이 방을 좀 봐, 이쪽은 박스에 가득 찬 과일이고, 저쪽은 물고기, 고기, 채소가 무더기로 쌓여 있잖아. 부족한 것이 없이, 종류별로 다 있어. 예전에는 물고기를 사면, 세 네 마리만 샀는데, 오늘은 무더기로 샀어. 아이들의 폭죽마저 몇 백 원씩 샀지 뭐야.

BCC 코퍼스

b. ?以前只買三四條魚，今天都是成坨成堆買。連孩子的鞭炮都上百元的買。

예문 (8)에서 '買了一條魚'는 어떤 사건에 대한 객관적인 진술이고, '一條'는 단지 '魚'에 대한 수량적 묘사이다. 이와 같은 문맥에서는 더 이상 동사복사구문 형식을 쓸 수 없다. 예문 (9a)에서 화자는 '買魚'를 화제로 사용하였으며, 예전과의 비교를 통해 생활수준이 개선되었음을 설명하였다. 그러므로 수량구는 화자의 의미초점이며, 문말에 위치해야 된다. 이런 경우에 주동빈구문 형식으로는 예전에 물고기를 많이 살 형편이 못됐다는 것을 나타낼 수가 없다.

李訥 · 石毓智(1997:36)은 동사복사구문이 사건을 '가볍고 작게' 나타낼 수 있다고 주장하였다.[25] 실제로 명량사구는 '적은 양'과 '많은 양'을 모두 나타낼 수 있다. 후자와 같이 명량사구가 '많은 양'을 나타낼 때, 명량사구 동사복사구문 역시 '많은 양'을 나타낼 수 있다.

---

25 두 학자들이 예로 든 문장은 다음과 같다.

(1) a. 他看書只看了几頁。
그는 겨우 몇 페이지 밖에 읽지 못했다.
b. 他已經把書看了一半了。
그는 이미 책을 반도 넘게 읽었다.
李讷 · 石毓智(1997:36)

예문 (1a)는 '동사복사구문' 형식이고, (1b)는 처치를 나타내는 '把'자구이다. 두 학자의 견해에 따르면, (1a)의 사건은 작고 가벼운 사건을 나타내고, (1b)는 중요하고 큰 사건을 나타낸다.

(10) 上网上了一个通宵，抽烟抽了1包半，手指都被熏黄了。
인터넷을 밤새도록 하고 담배를 한갑 반이나 피웠더니 손가락이 노랗게 물들었다.

CCL 코퍼스

(11) 添糖添了五六勺。
설탕을 (넣었는데) 대여섯 스푼이나 넣었다.

谢福(2014:455)

위의 두 예문에서 '一个通宵', '一包半', '五六勺'은 '많은 양'을 나타내기 때문에 예문의 동사복사구문 역시 '중요하고 큰 사건'을 나타낸다.

이상의 예문에서 알 수 있듯, 위 예문은 모두 '적은 양'과 '많은 양'을 막론하고 모두 '특정한 양'을 표현한다. 만약 문장에서 명량사구가 기술하는 양이 불특정하고 애매하다면 어떻게 표현될까?

(12) a. 小李昨天去百貨商店買了几件衣服。
小李는 어제 백화점에 가서 옷을 몇 벌 샀다.

BCC 코퍼스

b. *小李昨天去百貨商店買衣服買了几件。

(12)의 예문에서 명량사구 '几件衣服'가 기술하는 것은 '특정한 양'이 아니다. (12a)는 주동빈 구조로 문말의 초점 '衣服'은

화자가 "小李昨天去百貨商店買衣服了。"라는 사건에 대해 단지 객관적으로 묘사하고 있음을 알 수 있다. (12b)에서 '几件'은 문말에 위치하고 있는데, 중국어에서는 이 같이 보통 문 말에 신정보가 나타나지만 '几件'이 이러한 기능을 담당할 수 없다는 것은 의심할 여지가 없다.

명량구 동사복사구문에는 다른 형식도 있다. 아래의 예문을 보자.

(13) a. 對，当時報名報了12个，但是參加考試的只有4个。
맞아요. 그 때 등록한 사람은 12명이나 되었지만, 시험에 참가한 사람은 4명밖에 되지 않았어요.
孙红玲(2005:44)

b. *對，当時報了12个名，但是參加考試的只有4个。

(14) a. 摸獎摸了一台彩電。
복권을 긁었는데 텔레비전 한 대가 당첨되었다.
刘雪芹(2003:31)

b. *摸了一台彩電獎。

(15) a. 第一次見人送礼送一大箱餅干!
처음 만난 사람에게 비스켓을 한 상자나 선물로 주었다니!

b. *第一次見人送一大箱餅干礼。

이상의 예문과 '買魚買了一條'가 다른 점은 이상의 세 예문은 주동빈 형식으로 나타낼 수 없다는 것이다. 즉 수량구는 VO중의 빈어 O를 수식할 수 없기 때문에 이들 사이에는 '수식과 피수식의 관계'가 성립되지 않는다. 이러한 유형의 동사복사구문 형식에서 'V+명량사구'는 그 전체로서 VO의 결과를 나타낸다. 여기서 주의해야 할 점은 이 유형의 동사복사구문이 나타내는 결과는 종종 발화자가 예상치 못한 결과를 나타낸다는 것이다. 이러한 유형과 유사한 예문은 다음에서도 살펴볼 수 있다.

(16) 他跑步跑了一身汗。
그는 뛰어서 온몸이 땀에 젖었다.

(17) 我道歉道了一大堆好話。
나는 장황한 사과의 말로 용서를 구했다.
李咸菊(2006:58)

그러므로 본 유형의 동사복사구문은 엄격한 명량형 동사복사구문이라 할 수 없다. 이와 같은 유형의 동사복사구문은 의미상 결과범주 동사복사구문에 포함시켜야 한다.

이상의 분석을 통해, 명량구 동사복사구문에서 VO는 하나의 배경으로써 행위자의 의도적 목표를 나타내며, 수량구는 명사에 대해 계량하는 기능도 하지만, 더욱 중요한 것은 어떠한 많은 양, 적은 양 또는 의외의 결과를 나타낸다는 것을 알 수 있다.

2. 동량사구 동사복사구문

邵敬敏(1996:103)에 따르면, 동량은 의미의 범주에 속하고, 동사 자체의 동작성을 나타내는 구체적인 표현이다. 동량사는 동작의 진행 정도와 동작의 빈도를 나타낸다. 그러나 반드시 모든 동사가 모두 동량사와 결합할 수 있는 것은 아니다. 오직 동량의 의미를 지닌 동사만이 비로소 동량사와 결합할 수 있다. 동작이 구체적일수록 동작성은 더욱 강해지고, 동작과 결합 가능한 동량사은 더욱 많아지게 된다. 반면, 만약 어떠한 동작성도 없는 동사의 경우 동량사와 결합할 가능성은 낮아진다.[26]

이 책에서는 何杰(2001)의 관점을 근거로 현대중국어의 동량사를 두 가지로 유형으로 분류하고자 한다. 이를 표로 나타내면 〈표3〉과 같다.

〈표3〉 현대중국어의 동량사의 분류(何杰 2001:36)

고유 동량사	次, 回, 下, 番, 通, 气, 陣, 遍, 趟, 場, 頓 ……
차용 동량사	巴掌, 棒子, 把, 眼. 聲 ……

학자들의 연구와 코퍼스 자료 조사를 통해, 차용양사는 동사복사구문에 거의 출현하지 않는다. 예를 들면 다음과 같다.

26 邵敬敏(1996:103)참조.

(18) a. 爸爸踢了小王一脚。

아버지는 小王을 발로 한 번 걷어찼다.

BCC 코퍼스

b. *爸爸踢小王踢了小王一脚。

(19) a. 他正說得起勁，背后有人推了他一把。

그가 한참 이야기에 흥이 올랐을 때 뒤에 있던 사람이 그를 한 번 밀었다.

吴怀成(2011:60)

b. *他正說得起勁，背后有人推他推了一把。

이상의 예문에서 동량사 '脚', '把'는 차용 동량사에 속하는데, 차용동량보어는 동사복사구문에 사용될 수 없다.

그러나 모든 고유동량사가 동사복사구문 형식에 사용될 수 있는 것은 아니다.

(20) a. 昨天我們踢了一場足球。

어제 우리는 축구 한 게임을 했다.

吴怀成(2011:60)

b. *昨天我們踢了足球一場。

c. *昨天我們踢足球踢了一場。

예문(20)에서 '場'의 위치를 살펴보면, '踢'와 관련될 뿐 아니라 '足球'와도 관련이 있어 '踢了一場', '一場足球' 두 가지 방식으로 말 할 수 있다. 따라서 VMN형식이 가장 경제적이고 자연스러운 어순으로 볼 수 있다.

현대중국어의 동사 뒤에 고유동량 보어와 명사성분이 함께 출현 할 때, 일반적으로 두 가지 어순으로 나타난다.

A식 : VMN, 예를 들면 아래와 같다.

(21) 去了一次北京
北京에 한 번 갔다.

(22) 打了三次孩子
아이를 세 번 때렸다.

(23) 讀兩遍文章
글을 두 번 읽었다.

B식 : VNM, 예를 들면 아래와 같다.

(24) 表揚老王一通
老王을 한바탕 칭찬했다.

(25) 批評了兩个孩子一頓
두 아이를 한바탕 꾸짖었다.

일반적으로는 만약 빈어가 명사인 경우 보어는 빈어의 앞에 위치하는 경우가 많으므로 A식으로 나타낸다. 그러나 만약 빈어가 대명사일 경우 보어는 반드시 빈어의 뒤에 위치해야 하며

B식으로 나타내야 한다.

(26) a. 他又看了一遍女朋友的來信。
그는 다시 한 번 여자 친구의 편지를 보았다.
b. *他又看了女朋友的來信一遍。

(27) a. 他救過我兩次。
그는 나를 두 번 살려줬다.
b. *他救過兩次我。

张伯江 · 方梅(1996:109)

동사의 대상성분을 지칭하는 명사와 장소명사, 동량의 결합은 A식과 B식 두 가지 어순으로 나타 낼 수 있다. 이 외에도 동사복사구문 형식으로도 나타낼 수 있는데, 예를 들면 다음과 같다.

(28) a. 他去北京去了三次。
그는 北京에 세 번이나 갔었다.
b. 他去了三次北京。
그는 北京에 세 번 갔었다.
c. 他去了北京三次。
그는 北京은 세 번 갔었다.

동일한 의미를 나타내는 서로 다른 문장형식은 공시적으로 함께 존재하고 있지만 각자 다른 의미기능을 지닌다. 특정한 발화환경에서 이들의 기능적 요소는 제약을 받기 때문에 종종 단한 가지 통사 형식만이 사용 가능하다. 통사적 의미 측면에서 보면, 예문(27b)와 예문(27c)는 동작의 빈도를 묘사하는 역할을 한다. 項開喜(1997), 丁嬋嬋(2015) 등에 따르면 동사복사구문에서 VO는 배경정보가 되고, VC는 전경정보가 된다. 전체 문장의 핵심성분과 의미 초점은 의미적으로 더욱 현실성과 부각성이 드러날 수 있게 만든다. 화자가 동사복사구문의 형식을 사용하는 것은 문말에 동량구가 부각되도록 하기 위함이다. 이에 따라 때로는 동사복사구문 전체가 원인이 되는데, 앞서 살펴본 예문과 다음의 예문에 나타나는 상황을 통해 확인할 수 있다.

(29) a. 筆者回國后又去了一次北京, 盡管环城路已經鋪設到了6环, 但公共交通仍遇到了多處堵塞。
필자는 귀국 후에 다시 北京에 한 번 갔다. 비록 순환도로가 이미 6환까지 지어졌지만 대중교통은 여전히 많은 곳에서 정체를 보였다.
b. *筆者回國后又去北京去了一次,盡管环城路已經鋪設到了6环,但公共交通仍遇到了多處堵塞。

(30) a. 他去北京只去了一次, 難免會迷路。
그는 北京에 단 한 번밖에 가지 않았기 때문에 길을 잃지 않을 수가 없었다.
b. *他只去了一次北京, 難免會迷路。

BCC 코퍼스

(29)의 예문에서 화자는 자기 자신이 경험한 어떤 상황에 대해 진술하고 있다. 이를 만약 동사복사구문의 형식을 사용한다면 불필요한 성분이 나타나게 되고, 언어 경제성의 원칙에 부합되지 않는다. 그러나 (30a)의 예문에서 화자는 문말에서 동량구를 명확하게 나타내고 있기 때문에 이러한 구를 이루는 성분은 곧 바로 출현하는 '迷路'와 일정한 인과관계가 성립한다. 때문에, (30b)보다 (30a)가 더욱 적합하다고 볼 수 있다.

다음과 같은 유형의 동사복사구문은 다른 유형의 구문으로 전환하기 어렵다는 것을 알 수 있다.

(31) A: 你不是說≪粉紅女郎≫里面的重動句特別多嗎, 把他們的劇本找來看看唄。
≪粉紅女郎≫에 重動句가 굉장히 많이 나온다고 하지 않았어요? 그들의 대본에서 한 번 찾아보는 수밖에 없네요.
B: a. 哎呀不想再看了, 我看那个電視劇看了好多遍了都。
아이고!. 다시 보고 싶지 않아요. 내가 그 드라마를 얼마나 많이 봤는지 몰라요.
孙红玲(2005:59)
b. *哎呀不想再看了, 我看了好多遍了都那个電視劇。

(31)예문은 동사복사구문으로만 나타낼 수 있는데, 이는 보어의 '복잡성' 때문이다. '好多遍了都'는 구어화 된 보어구조로 빈

어 성분을 동반 할 수 없다. 따라서 문말에 위치할 수밖에 없는 것이다. 그렇지만 이러한 성분은 동사와 분리할 수 없으므로 동사복사구문의 형식만을 취할 수 있다.

3. 시량사구 동사복사구문

현대중국어에서 시량성분과 빈어가 함께 출현할 때, 어순은 달라질 수 있다. 馬慶株(1981), 周小兵(1997) 등의 견해에 따라, 우리는 동빈 조합에 시량구 형식이 결합한 다음의 몇 가지 유형을 살펴볼 수 있다.

A식은 'V+了+T+N'으로, 예를 들면 다음과 같다.[27]

(32) a. 等了半个小時車
차를 30분 동안 기다렸다.
b. 看了半小時書
책을 30분 동안 보았다.
c. 吃了半个小時飯
밥을 30분 동안 먹었다.

27 A, B, C 그룹의 예문은 전부 馬慶株(1981), 周小兵(1997)에서 인용한 것이다.

B식은 'V+了+T+的+N'으로, 예를 들면 다음과 같다.

(33) a. 看了半小時的書
책을 30분 동안 보았다.
b. 吃了半个小時的飯
밥을 30분 동안 먹었다.

C식은 'V+了+N+T'로, 예를 들면 다음과 같다.

(34) 等了朋友五分鐘。
친구를 5분 동안 기다렸다.

朱德熙(1982:136)는 위의 문장형식을 쌍빈어구조로 보았다. 여기서 '車', '朋友'가 실질적인 빈어가 되고, 시량구를 준빈어로 보는 것이다. 실질 빈어 '車'는 사물 명사로 준빈어 '三个小時'의 뒤쪽에 위치한다. 실질빈어 '朋友'는 사람을 지칭(명사와 대명사를 포함)하는데, 이러한 경우 실질빈어는 앞에 위치하고 준 빈어가 뒤에 위치하게 된다(朱德熙, 1982:136).

D식은 'V+N+T+了'로, 예를 들면 다음과 같다.

(35) 下課半个小時了。
수업이 끝난 지 30분이 되었다.

(36) 离婚半年了。
이혼한 지 반년이 되었다.

(37) 丢錢包兩天了。

지갑을 잃어버린 지 이틀이 지났다.

위의 문장에서 수량성분 '半个小時了, 半年了, 兩天了'는 하나의 독립적인 주술구조를 이루고, '下課, 离婚, 丢錢包'는 화제어로 '下-l課, 离婚, 丢錢包'에 상응하는 동작이 끝난 후 상태의 지속시간을 나타낸다.

이상 예문은 D식을 제외하고 모두 동사복사구문의 형식으로 전환할 수 있다.[28]

(38) a. 等車等了半个小時

차를 30분 동안 기다렸다.

---

28 戴浩一(1990/1994)는 동사복사구문은 동작의 지속 또는 상태의 묘사이기에, 동사복사구문의 동사는 오직 지속성 동사만이 출현할 수 있으며 비지속성 동사를 이끌 수가 없다고 하였다.
예를 들면 아래와 같다.

(2) a. *下課下了半个小時了。
b. *离婚离了半年了。
c. *丢錢包丢了兩天了。

이상의 예문에서 '下課'와 같은 비지속성 동사는 동작의 발생이 순간적으로 종료되기 때문에 시량구가 나타내는 것은 동작이 지속된 시간이 아닌 동작 발생 후 상태가 지속된 시간인 것이다. 이러한 경우 동사복사구문의 형식으로 나타날 수 없다.

b. 看書看了半小時

책을 30분 동안 보았다.

c. 吃飯吃了半个小時

밥을 30분 동안 먹었다.

d. 等朋友等了五分鐘

친구를 5분 동안 기다렸다.

이상의 예문은 공통적인 특징이 있다. 즉 지속성을 지닌 동사와 총칭적 성분의 빈어 O로 이루어진 것이다. 이러한 의미를 나타낼 때에는 설령 동사복사구문 구조를 사용할 수 있을지라도 비 동사복사구문의 구조를 사용해 나타내기도 한다.

앞서 기술한 바와 같이, 중국어 문장에서 정보 배열 구조상 원칙적으로 초점은 문 말에 있다. '等了三个小時車'와 '抽了20年烟'과 같은 두 문장에서 '車'와 '烟'은 문장의 자연적 초점이 되고, 전후 발화상황 정보가 충분하다면 생략이 가능하다. 그러나 동사복사구문 형식에서는 발화자가 동사복사를 통해 시량성분을 다시 추가하게 되므로 주로 시량성분이 부각되어 나타난다. 이에 따라 발화자의 관점에서 볼 때, 시량성분은 대부분 정해진 양을 가지고 있다. 예를 들어 '三个小時', '20年'의 경우 발화자의 입장에서 주관적 의미가 비교적 강하게 나타난다. 다음에서 구체적인 발화상황을 통해 분석해보자.

(39) A：你昨天下午干什么了?

어제 저녁에 뭐 했어요?

B：a. 洗了一下午衣服。

오후 내내 빨래를 했어요.

b. *洗衣服洗了一下午。

A：你手洗的啊?

너 손빨래 했어?

B：是啊，洗孩子的衣服洗了半天，還有我和她爸爸的，累死人啦。

응, 반나절 동안 아이 옷을 빨고, 나와 그녀의 아빠 것 까지, 정말 피곤해 죽을 지경이야.

VTO형식은 하나의 사건을 객관적으로 서술하지만, 시량성분이 명확히 나타나지 않는 반면 동사복사구문 형식은 문말에 시량성분이 명확히 부각되어 나타난다. 위의 예문에서 질의자는 단지 어제 무엇을 했는지에 대해 알고 싶었을 뿐이기 때문에 SVTO 형식으로 대답하는 것이 더욱 적절하다. 또한 의문문에서 종종 동사복사구문 형식으로 동작의 지속시간은 발화자의 '표준량 범위를 초과하였음'을 나타낸다. 그러나 이러한 양은 시간적으로 길 수도 있고 짧을 수도 있다.

(40) 我看書看了几分鐘，小王就來叫我了。

내가 책을 몇 분보고 있었을 때 小王이 나를 불렀다.

谢福(2014:457)

謝福은 예문 (40)에서 '看了几分鐘'이 '看書'라는 사건에 대한 지속 시간이 매우 짧음을 나타내며, '几分鐘'이 짧은 시간을 의미할 때 '才'를 부가할 수 있다고 주장하였다. 이에 따라 그는 동사복사구문은 객관적으로 긴 시간을 강조할 수 있을 뿐 아니라 짧은 시간을 강조할 수도 있다는 것이다. 또한 그는 이러한 문장 형식에 대해 '사건 지속 시량의 부각'이라는 말로 개괄하였다. 아래의 예문을 보자.

(41) a. 我当了三年的兵。(当了三年 / *三年的兵)
나는 삼 년 동안 군대에 있었다.
b. 教務處安排了一年的口語課。(*安排了一年 / 一年的口語課)
교무처에서 일 년 간의 구어 수업을 준비했다.
c. 他看了四个小時的電影。(看了四个小時 / 四个小時的電影)
그는 영화를 네 시간 동안 봤다. / 그는 네 시간짜리 영화를 봤다.

黄国营(1981)[29]

시량보어 성분의 의미 지향 측면에서 보면, (41a)에서 '三年'

29 黃國營은 b유형의 문장에서 '的'을 '한정어 표지'라고 하였다. a유형의 문장에서 '的'은 '가짜 한정어 표지'로, c유형의 문장에서 '的'을 '준 한정어 표지' 라고 하였다.

은 동사 '当'을 지향한다. (41b)에서 '一年'은 '口語課'를 지향하고, (41c)에서 시량성분 '四个小時'는 동사'看'을 지향할 수도 있고, '電影'을 지향할 수도 있다. 만약 명확한 의미지향을 선택한다면 구체적인 발화상황에 의해 선택해야 된다. 두 가지 성분을 의미지향 하는 경우, 이들 중 빈어 O는 '사건명사'[30]가 되고 비교적 짧은 시간을 함의하는 의미 개념으로 볼 수 있으며, 유계성분에 속한다. 이상의 예문을 동사복사구문으로 전환하면 다음과 같다.

(42) a. 我当兵当了三年。
나는 군인 생활을 3년이나 했다.
b. *教務處安排口語課安排了一年。
c. 他看電影看了四个小時。
그는 영화를 네 시간이나 봤다.

이러한 예문을 통해 알 수 있듯 시량구가 V를 지향할 때 동사복사구문의 형식으로도 나타낼 수 있다. 또한 SVTO형식으로도 나타낼 수 있는데, 시량구가 O를 지향할 경우에는 동사복사구

30 邵敬敏(2001)은 이러한 종류의 명사를 '동태명사'라고 하였고, 韓蕾(2006)는 이를 '사건명사'라고 하였다. 이들의 명칭이 동태명사이든 사건 명사이든 모두 이러한 종류의 명사와 일반명사의 성질이 다름을 시사한다. 이러한 명사들은 시간 특성의 정도가 비교적 높다.

문의 형식으로 나타낼 수 없게 된다.[31] (42c)는 원래 두 개의 시량구를 지향할 수 있지만 동사복사구문 구조에서는 일정한 발화 상황이 없어도 명확히 동사를 의미 지향할 수 있다. 아래의 예문을 보자.

(43) 平定了三年的叛亂。
삼 년 동안의 혼란을 잠재웠다.

吴春相(2006:28)

예문 (43)에서 '三年'이 지향하는 사건명사는 '叛亂'인데, 왜냐하면 종결동사 '平定'은 시간량을 갖기 어렵다. '平定了三年了'와 같이 비록 동사의 뒤에 시량구가 따라 나올 수 있지만 동작이 끝난 후의 지속시간을 나타내며, 이러한 경우 '平定了三年叛亂了'와 같이 나타날 수 없는 것이다.

이상의 예문에서 살펴보았듯이, 현대중국어에서 시량성분과 동사, 빈어의 어순 구조는 대부분의 경우에 치환이 가능하다. 그러나 만약 빈어는 한정성 성분이나 복잡한 구조이라면, 동사복사구문 형식만을 사용할 수 있으며, 기타 통사 구조로는 나타

---

31 여기서 말하는 '동사복사구문이 사용될 수 없다'는 것은 치환 후 의미가 완전히 바뀌어 버린다는 것이다. '安排了一年的口語課'는 '일 년 동안의 구어 수업을 함'을 나타내지만, '安排口語課安排了一年'은 '구어 수업을 설계하는데 일 년이 걸림'을 나타낸다.

내기가 매우 어렵다. 아래의 예문을 보자.

(44) a. 我們等爸爸回家吃飯等了三个小時。
우리는 아버지가 집에 돌아오셔서 진지 드시는 것을 3 시간이나 기다렸다.
b. *我們等爸爸回家吃飯三个小時。
c. *我們等了三个小時爸爸回家吃飯。

(45) a. 爹媽盼孩子們有出息盼了一輩子。
부모는 자식이 출세하기를 평생 동안이나 바란다.
b. *爹媽盼了一輩子孩子們有出息。

(46) a. 她气得甩電話,眞是拎不淸呵,人家可是吉隆坡數一數二的富翁! 她等他求婚等了整整三年呢。
그녀는 화가 나 전화기를 던져 버렸다. 정말 말도 안 된다. 그는 실로 싱가폴에서 손에 꼽는 부자인데 말이다. 그녀는 그가 청혼하기를 삼 년 내내 기다렸다.
谢福(2014:454)
b. *她气得甩電話, 眞是拎不淸呵, 人家可是吉隆坡數一數二的富翁! 她等了整整三年他求婚呢。

위의 예문의 공통적인 특징은 빈어가 하나의 절이라는 점이다. 예문(44)에서 '爸爸回家吃飯'은 정보의 관점에서 보면 '我們等爸爸回家吃飯'이 화제가 되고, 이미 알고 있는 정보이며, '等了三个小時'은 화자가 전달하고자 하는 신정보이다. 예문(45)에서 '盼孩子們有出息.'와 (46)의 '他求婚'역시 동일한 원리를 적용할 수 있다.

이상으로 이 책에서는 물량, 동량, 시량을 나누어 동사복사구문의 계량범주에 대해 분석하였다. 이중에서 명량구 동사복사구문에서 VO는 가설을 제공한 것이고, 수량보어는 결과를 계량한 것이다. 동량구 동사복사구문과 시량구 동사복사구문은 전반적으로 빈어의 지칭과 보어의 복잡성에 의해 제약을 받는다.

동사복사구문의 계량범주에서 화자의 의도성은 두 가지 측면을 포함한다. 명량류 동사복사구문에서 VO는 인지주체의 목표참조량이고, 수량구는 실현 결과량이며, 문장이 나타내는 의미는 바로 행위자가 목표량에서 결과량까지의 변화과정을 거쳤음을 나타낸다. 동량류 동사복사구문과 시량류 동사복사구문은 인지주체가 수량성분을 의도적으로 문말에 출현시킴으로써 문장의 초점으로 강조된다.

제6장

현대중국어 동사복사구문의 생성기제

본 장에서는 우선 동사복사구문의 생성 기제를 통사적, 의미적 및 발화 환경적 제약의 각도에서 각각 분석하고자 한다.

1. 통사적인 제약

현대중국어의 동사복사구문은 논항구조에 중점을 두는데, 이는 '賓補爭動'의 모순을 해결하기 위함이다. 현대중국어는 형태가 풍부하지 못한 언어로, 만약 하나의 동사 뒤에 빈어도 있고 보어도 있을 경우, 빈어와 보어가 함께 나타날 수 없을 경우(즉 통사, 의미상의 관계가 없을 때), 빈어를 앞에 놓거나 동사를 중복한다. 통사적인 제약은 주로 강제적 동사복사구문에 나타나는

데, 다음과 같은 몇 가지 유형이 존재한다.

(1) a. 他們上班上到了大年三十。
그들은 설 전날까지 출근을 했다.
b. *他們把班儿上到了大年三十。

(2) a. 王丰喝道："喂。走開。怎么討飯討到這里來了?"
王丰은 "야, 저리가. 왜 여기까지 와서 밥 동량을 하고 그래?"

CCL 코퍼스

b. *王丰喝道："喂，走開。怎么討飯討到這里來了?"

(3) a. 到家一看，母親紅光滿面，干活儿干得正歡，完全不像有病的樣子。
집에 도착해서 봤더니, 엄마는 안색이 훤하며, 한창 신나게 일하는 중이었다. 절대로 아파보이지 않았다.

CCL 코퍼스

b. *到家一看，母親紅光滿面，干活儿得正歡，完全不像有病的樣子。

위의 예문 (1)의 보어는 시간성분이고, (2)의 보어는 장소를 나타내는 성분이며, (3)의 보어는 정도를 나타내는 성분이다. 이렇게 세 가지 유형의 문장은 빈어를 전치 할 수 없기 때문에 화제구 형식을 사용할 수도 없으며, 오로지 동사복사구문 형식을 사용해야 된다.

2. 의미적인 제약

선형 배열에서 보았을 때, 현대 중국어 동사복사구문의 구성성분은 S, V, O, C 등을 포함한다. 이 네 가지 성분의 의미특징과 상호간의 의미관계는 동사복사구문의 생성을 제약하는 중요한 요소이다. 예를 들면, 唐翠菊(2001:82)은 VO와 VC 사이의 의미관계를 근거로 하여, 동사복사구문을 사역성 동사복사구문과 비사역성 동사복사 구문으로 분류하였다. 그는 사역성 동사복사구문의 동사와 빈어의 결합관계는 상대적으로 긴밀하며, 동사 V는 일반적으로 삭제하면 안 되는 반면, 비사역성 동사복사 구문의 동사 V와 빈어 O의 결합관계는 느슨하기 때문에, 동사 V를 삭제해도 된다고 하였다. 예를 들면 다음과 같다.

(4) a. 他說漢語說得口干舌燥。
　　그는 중국어를 너무 많이 하여 입이 바싹 말랐다.
　b.*他漢語說得口干舌燥。

(5) a. 他說漢語說得很流利。
　　그는 중국어를 아주 유창하게 한다.
　b. 他漢語說得很流利。
　　그는 중국어는 유창하게 한다.

唐翠菊(2001:82)

唐翠菊(2001)의 관점에 따르면, '說漢語'는 두 문장에서의 의미결합관계가 다르다. 그러나 필자는 두 문장의 '說漢語'가 나타내는 의미관계와 결합 긴밀도는 같다고 본다. 왜냐하면 두 문장에서 '得'이 생략될 수 있는지 여부는 보어 C와 기타 성분사이의 의미관계이기 때문이다. 예문 (2)의 '口干舌燥'는 주어와 연관된 성분이고, 예문(3)의 '流利'는 빈어 '漢語'와 직접적인 관계가 있다.

이상의 학자들의 분석을 통해 동사복사구문에서 동사, 동사와 빈어, 동사와 보어 그리고 빈어와 보어 사이의 의미관계는 전부 동사복사구문의 생성에 영향을 끼칠 수 있다. 그러므로 다음 절에서는 S, V, O, C 사이의 의미관계에 입각하여 분석할 것이다.

S, V, O, C 성분 사이의 의미과정을 분석하는 과정에서, 필자는 이 네 가지 성분의 의미적 특징과 상호간의 의미관계는 세 가지 다른 범주에 속하는 동사복사구문의 생성기제에 각각 다르게 작용된다는 점을 알게 되었다.

우선 결과범주 동사복사구문을 주술빈구문과 준 한정어구, '把'자구, 화제구와 비교하여 분석하겠다.

사역성의 유무에 따라 결과범주 동사복사구문은 '사역성' 동사복사구문과 '비사역성' 동사복사구문으로 분류할 수 있다. 앞서 이미 논의한 바와 같이, 비사역성 동사복사구문의 생성기제는 주로 통사적인 제약을 많이 받는다. '把'자구 등 기타 구문형식과 얽혀있는 동사복사구문 또한 '사역성' 결과범주 동사복사구문이다. 그러므로 이 책에서는 '사역성' 결과범주 동사복사구문의 생성에 대해 분석할 것이다.

이 책 제 3장의 분석에 근거하면, 사역성 결과범주 동사복사구문은 다음과 같은 몇 가지 유형이 존재한다.

(6) 媽媽炒菜炒糊了。
엄마는 채소를 볶다가 태워버렸다.

(7) 媽媽走路走累了。
엄마는 너무 많이 걸어서 지쳤다.

(8) 爸爸打孩子打斷了棍子。
아빠는 아이를 때리다가 망둥이를 부러뜨렸다.

(9) 爸爸打孩子打醒了鄰居。
아빠가 아이를 때려서 이웃을 잠에서 깨게 하였다.

(10) 爸爸种菜种成了百万富翁。
아빠는 채소를 심어서 백만장자가 되었다.

위 예문들이 나타내는 사역의미는 두 가지 유형이 있다. 그 중 하나는 "媽媽炒菜炒糊了。"와 같이 V와 V가 전부 같은 의미를 나타내고, 구체적인 제작성류 동사이며, 문장의 보어가 나타내는 결과의미는 행위자로부터 직접적인 영향을 받은 것이다. 반면 기타 유형의 동사복사구문의 V_1은 비 제작성류 동사이며,[32] V_2는 사역의미를 지니고 있는 '허의' 동사이다. 이 유형의 동사복사구문이 나타내는 결과의미는 일종의 사역력이다.

이와 같은 동사복사구문을 '把'자구 형식으로 전환하면 다음과 같다.

(11) 媽媽把菜炒糊了。
엄마는 요리를 태워먹었다.

(12) 走路走累了媽媽。
길을 너무 많이 걸어서 엄마를 지치게 하였다.

---

32 현대중국어 동사는 빈어와의 의미관계에 따라 세 가지 유형으로 분류할 수 있다.

A류는 제작의미를 나타내는 동사이며, 동사 V의 결과는 빈어 O이다. 예컨대, "盖房子"에서 '盖'는 제작의미를 나타내는 동사에 속하며, 빈어 O는 동작의 결과이다.

B는 영향의미를 나타내는 동사이며, O는 영향을 받는 대상이다. 해당 유형은 다시 두 가지 하위부류가 존재하는데, 첫째는 처치의미를 지니고 있는 동사이다. 예컨대, "打孩子"에서 '打'는 '孩子'에 대한 영향력이 있다. 둘째는 위치이동 의미를 나타내는 동사이다. 예컨대, "借書"에서 동작 '借'는 '書'의 소유권을 변화시켰다.

C류는 영향의미를 지니고 있지 않는 동사이며, O는 영향력을 받지 않는 대상이다. 예컨대, "看書", "唱歌"에서 동작 '看'과 '歌'는 빈어성분에 아무런 영향력이 없다.

이상으로 제시한 세 가지 유형의 VO에서, A류와 B류 동사의 결과보어는 반드시 O와 관련 있고, C류 동사의 결과보어는 O와 관련 있지 않을 수도 있다.

(13) 爸爸打孩子把棍子打斷了。

아빠가 아이를 때리다가 몽둥이를 부러뜨려 버렸다.

(14) 爸爸打孩子把鄰居打醒了。

아빠가 아이를 때리는 행동이 이웃을 잠에서 깨게 하였다.

(15) 爸爸种菜种把自己种成了百万富翁。

아빠는 채소농사를 통해 자신을 백만장자로 만들었다.

위 예문을 살펴보면, 사역성 결과범주 동사복사구문은 전부 '把'자구로 전환 될 수 있다. 계속해서 화제구 형식으로 전환될 수 있는지에 대해 살펴보자.

(16) a. *媽媽菜炒糊了。

b. *媽媽菜炒糊了。

(17) a. *媽媽路走累了。

b. *路媽媽走累了。

(18) 棍子爸爸打孩子打斷了。

몽둥이는 아빠가 아이를 때릴 때 부러뜨리게 되었다.

(19) *鄰居爸爸孩子打醒了。

예문 (16)에서 나타난 것과 같이, 사역성 결과범주 동사복사구문은 거의 화제구로 전환 될 수 없다. 이처럼 사역성 결과범주 동사복사구문이 화제구로 전환 될 수 없는 원인은 중국어가 형태표지가 결핍되어 있는 점과 연관된다. 즉 형태표지가 결핍되어있기 때문에, 화제구를 사용하게 된다면 문장의 S와 O, C의 의미관계가 불명확해지기 때문이다. 예문 (18)에서 화제구를 사용해도 되는 원인은 바로 '棍子'가 사건의 도구성 성분이기 때문에, 다른 성분과의 관계가 비교적 명확하기 때문이다.

이상의 예문을 통해 사역성 결과범주 동사복사구문은 상황에 따라 두 가지 의미를 나타낸다는 점을 알 수 있다. 첫 번째는 행위자의 의지성이 비 의지성 결과를 나타내고, 이때 보어의 의미지향은 결과빈어에 있다. 두 번째는 행위자의 의지성이 동작행위가 이루어지는 과정에서 의외성 사건이 발생하였음을 나타낸다. 이때 보어의 의미지향은 주어, 도구 혹은 기타 성분에 있다.

제작성류 동사는 위와 같은 두 가지 유형의 동사복사구문을 형성할 수 있다. 반면 비 제작성류 동사는 오로지 두 번째 의미를 나타내는 동사복사구문만 형성할 수 있다. 만약 결과를 초래한 원인을 부각시키려면 '把'구 형식을 사용할 수 있다.

이제 계속해서 평가범주 동사복사구문의 생성에 대해 분석하고자 한다. 제 4장에서는 현대중국어의 평가범주 동사복사구문에 대해 분석하였는데, 여기에서 다시 정리하자면 다음과 같으며, 결과범주 동사복사구문과 같이 평가범주 동사복사구문 또한 화제구 및 준 한정어구와 비교하여 분석할 것이다.

(20) a. 這种洗衣粉洗衣服洗得很干淨。

이 세탁세제를 사용하면 옷을 깨끗이 빨 수 있다.

b. 這种洗衣粉洗衣服很干淨。

이 세탁세제는 옷을 깨끗이 세탁한다.

(21) a. 他唱歌唱得好。

그는 노래를 잘 부른다.

b. 他歌唱得好。

그는 노래는 잘 부른다.

c. 他的歌唱得好。

그의 노래 실력은 좋다.

(22) a. 他演母親演得得好。

그는 엄마역할을 잘한다.

b. *他母親演得好。

c. *他的母親演得好。

(23) a. 他昨天開車開得太快了。

그는 어제 운전을 너무 빨리 했다.

b. *他昨天車開得太快了。

위의 각 유형의 동사복사구문을 살펴보면, 예문 (20)은 화제구 형식으로 나타낼 수 있다. 왜냐하면 '這种洗衣粉'은 도구성 주어이며, V와의 의미거리가 멀기 때문이다. 예문 (21)은 화제구와 준 한정어 구형식으로 전환 될 수 있는 반면, (22)가 그렇지 못하는 이유는 (21)의 '歌'와 동사 '唱'사이의 의미관계가 명확하고, (22)의 '他', '媽媽'와 동사 '演'이 준 한정어 구 및 화제구의 의미관계가 명확하지 않기 때문이다. 예문 (23)도 마찬가지로 다른 구문형식으로 전환될 수 없는데, 주요원인은 해당유형의 동사복사구문은 사건의 주어에 대해 평가하고, 시간성분 '明天'의 관할 영역(scope)은 늘 문말 성분까지 포함된다. 그러므로 '他'와 '車'사아의 의미관계가 단절되어 동사복사구문 형식만 취할 수 있다.

그러므로 평가범주 동사복사구문의 생성에 있어 보어의 의미지향은 결과범주 동사복사구문과 같이 중요한 것이 아니다. 반대로 문장의 S, V, O사이의 의미관계 및 주어와 동사사이의 거리가 동사복사구문 생성에 있어 가장 중요한 제약요소이다.

계속해서 계량범주 동사복사구문의 생성기제에 대해 논의하겠다. 제 5장에서 계량범주 동사복사구문의 의미유형에 대해 분석할 때 이미 지적한 바와 같이, 동사의 의미특징, 상황유형, 동빈 사이의 의미관계, 그리고 수량보어의 성질은 전부 수량구가 동사복사구문에서의 의미해석 및 문장의 성립여부에 영향을 끼친다. 구체적으로 분석하자면 다음과 같다.

(24) a. 寫了三頁文章
글을 세 페이지 썼다.
b. 寫文章寫了三頁
글을 세 페이지 썼다.

(25) a. 買了三條魚
물고기 세 마리를 샀다.
b. 買魚買了三條
물고기를 세 마리 샀다.

이상의 예문을 통해 알 수 있듯이, 수량구와 명사구의 의미거리가 더욱 밀접하기 때문에, 동사 V가 빈어 O에 대해 영향력이 있는지 여부는 계량범주 동사복사구문의 생성에 작용을 하지 않는다. (24)와 (25)를 비교해보면, 주술빈구조는 객관적인 사건에 대한 진술이고, 동사복사구문의 VO는 행위자 S의 목적 혹은 목표 일 뿐만 아니라, 화자의 참조량이 될 수도 있다. 또한, VC는 목표의 실현을 나타낸다. 이런 의미에서 보았을 때, VC도 일종의 결과량으로 보아도 된다. 그러므로 명량범주 동사복사구문의 의미구조는 다음과 같이 나타낼 수 있다.

위의 도식에서 나타낸 것과 같이, 명량범주 동사복사구문에서 '소량'과 '대량'은 전부 화자가 VO에 대한 예상치와 연관되며, '주관량'에 속한다. 이는 동사복사구문의 의미특징이기도 하다.

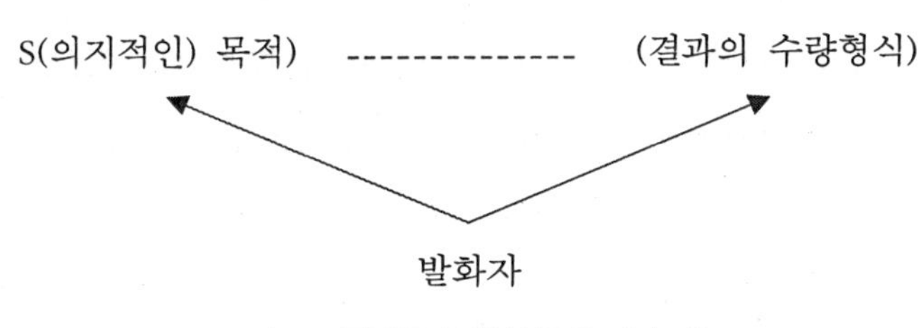

〈그림2〉 명량범주 동사복사구문 의미도식

다음은 시량범주 동사복사구문의 생성에 대해 논의 하겠다. 앞서 시량범주 동사복사구문에 대해 분석할 때, 필자는 시량범주 동사복사구문의 동사는 지속성 동사여야 된다고 한 바가 있다. 다음 예문을 통해 시량구 동사복사구문의 생성기제에 대해 분석할 것이다.

(26) a. 他喝了一晚上酒。

그는 저녁 내내 술을 마셨다.

b. 他喝酒喝了一晚上。

그는 술을 저녁내내 마셨다.

(27) a. *他喝了一晚上一瓶酒。

b. 他喝一瓶酒喝了一晚上。[33]

그는 술 한 병으로 저녁 내내 마셨다.

예문 (26)의 시량구 '一晚上'은 동사 V를 지향한다. 그러나 '一晚上'은 빈어 O와 공기 할 수도 있기 때문에, 주술빈구조와 동사복사구문 형식에 전부 출현할 수 있다. 그러나 (27)의 명사 '酒'는 앞에 수량사구와 결합하여 유계 명사로 변하였기 때문에, '一晚上'과 공기할 수 없다. 그러므로 (27a)는 비문이며, 동사복사구문 형식만 사용할 수 있다. 이처럼 시량범주 동사복사구문

33 秦洪武(2002:9)에서 인용.

의 생성원인 빈어의 한정성 문제 때문이다.

동량범주 동사복사구문의 생성원인은 시량범주 동사복사구문의 경우와 유사하다. 方梅(1993)에 따르면, 동사 뒤에 출현하는 동량성분과 명사성 성분의 어순을 결정짓는 주요원인은 명사성 성분의 지시성과 명사성 성분이 전달하는 정보가 새로운 것인지 아니면 구 정보인지에 달려있다. 예를 들면 다음과 같다.

(28) a. 我昨天跑了三趟医院。
나는 어제 병원을 세 번이나 다녀왔다.
b. 我昨天跑医院跑了三趟。
나는 어제 병원을 세 번 다녀왔다.

(29) a. *我昨天跑了三趟那家医院。
b. 我昨天跑那家医院跑了三趟。
나는 어제 그 병원에 세 번이나 다녀왔다.

위의 예문에서 동량성분은 동사를 지향하지만 처소를 나타내는 빈어 '医院'과 공기할 수 있다. 그러므로 주술빈구조 및 동사복사구문 형식을 전부 사용할 수 있다. 그러나 예문 (29)의 명사 '医院'앞에는 수식성분 '那家'가 출현하였으므로 한정적인 성분이 되었다. 따라서 '三趟'과 공기할 수 없으며, '那家医院'은 구 정보에 해당하기 때문에, 문말에 위치하면 구 정보는 앞에 출현하고 새 정보는 뒤에 출현한다는 정보전달 원칙에 부합하지 않는다. 그러므로 이런 경우에는 반드시 동사복사구문을 사용해야 된다.

이상으로 이 책에서는 의도성과 통사성분사이의 의미관계 측면에서 결과범주 동사복사구문, 평가범주 동사복사구문 및 계량범주 동사복사구문의 생성원인에 대해 분석하였다.

3. 발화환경의 제약

앞에서 동사복사구문의 생성기제 및 제약요소를 통사 및 의미기능 측면에서 분석하였다. 이는 정태적인 분석방법이다. 동사복사구문 의미의 정확한 표현은 문맥에서 실현된다. 즉 문맥 또한 동사복사구문의 생성기제에 중요한 작용을 한다는 것이다.

沈家煊(2009:46-49)은 발화 환경이 개념의 현저성을 제어하는 강도가 전반적인 경향은 두 개의 개념의 거리가 가까울수록 강도가 더 크다. 다음 예문을 살펴보자.

(30) a. 老板的金表掉井里了，他叫一位新來的民工去掏，結果掏出了一枚戒指。
사장님의 금시계가 우물에 떨어졌다. 그는 새로 온 인부를 불러 파게 하였지만, 그 결과 반지 하나를 찾아냈다.

b. 新來的民工掏那口井掏出了一枚戒指。

새로 온 인부가 그 우물을 파내어 반지 하나를 찾았다.

王燦龍(1997:124)

예문 (30a)는 두 개의 단문으로 이루어져 있고, 예문 (30b)는 동사복사구문의 형식으로 이루어져 있는데, 개념거리상으로 볼 때 동사복사구문에 더욱 가깝다.

이 책에서는 주로 문맥의 연관성 각도에서 문맥이 동사복사구문에 대한 제약작용을 분석하고자 한다. 문맥이 동사복사구문에 대한 선택에서 보았을 때, 현대중국어 동사복사구문은 두 가지 유형으로 분류할 있다. 즉 문맥의 연관성에 의해 제약을 받는 경우와 제약을 받지 않는 경우이다.

1) 문맥의 연관성에 의해 제약을 받는 경우

코퍼스 조사를 통해 현대중국어 동사복사구문은 문장 안에 출현할 수도 있고, 문두에 출현하여 화제기능을 할 수도 있음을 알 수 있었다. 聶仁發(2001:114-115)에 따르면, 어떠한 문장이 배경정보를 필요하면서, 배경사건의 전개가 문맥에 적합하지 않는 경우에는 VO를 도입하여[34] 일종의 '문장 내의 문맥'으로서,

34 項開喜(2001)는 동사복사구문의 형식을 'SVP$_1$VP$_2$'로 나타냈다. 이 책에

VC의 배경을 설명하는 기능을 한다.[35]

서는 앞서 서술한 형식과의 일치성을 위해, 이를 VO 형식으로 표현할 것이다.

35 聶仁發(2001:116)가 도입한 VO의 문맥 유형은 세 가지가 있는데, 첫 번째는 처음으로 배경사건을 도입할 때이며, 예를 들면 다음과 같다.

(1) 馬占魁原來是郝家集的貧苦山民, 因和人打架打死了人, 才跑到望龍上当土匪的。

聂仁发(2001:115)

예문 (1)에서 '打架'는 '打死了人'의 배경사건이며, 앞에서 언급하지 않았기 때문에 설명한 것이다. 그러나 문장이 나타내고자하는 초점은 '馬占魁当土匪'이므로, '打架'에 대해서는 구체적으로 전개하지 않아도 된다.

두 번째는 배경사건을 다시 도입하는 경우이다. 문맥이 단절 된 후 다시 어떠한 결과에 대해 서술할 때에는 비록 앞 문장에서 상관 배경에 대해 언급하였지만, 동사복사구문으로 배경사건을 도입함으로써 결과를 더욱 명확하게 한다. 예를 들면 다음과 같다.

(2) 童話作家只好不開口了。可是喬喬和小林看書看得出了神, 一点也沒有要走的意思。童話作家坐在那里覺得很无聊, 就一个人走出圖書館, 找那些鐵路工人去了。
동화작가는 어쩔 수 없지 입을 열지 않았다. 그러나 喬喬와 小林이 책을 보다가 넋을 잃어서 가려고 하는 김새가 보이지 않는다. 동화작가는 그곳에 앉아 있는 것이 너무 무료하여 혼자 도서관을 나와서 그 철길 공인들을 찾으러 갔다.

聂仁发(2001:115)

예문 (2)를 살펴보면, 비록 '看書'라는 사건을 언급하였지만, 중간에

魏揚秀(2001)은 통계분석을 통해, 인과관계를 나타내는 동사복사구문은 전체의 93%를 차지하고, 비 인과관계 동사복사구문은 7%를 차지한다는 결과를 얻었다. 현대중국어 동사복사구문의 주요 기능은 인과관계를 나타내는 문맥에 출현하는 것이며, 원인을 해석하는 기능에 치중되어 있다고 보았다.[36]

그의 분석에 의하면, 분석대상은 주로 동결식 동사복사구문과 '得'자구 동사복사구문이다. 또한, 이 두 가지 구문유형이 나타내는 전형적인 의미는 결과의미이며, 결과의미 중에서도 특히 비 의도성 결과의미가 많았다. 반면 개빈구 동사복사구문과 계량식 동사복사구문이 문맥과의 연관성에 대해서는 거의 언급하지 않았다. 아울러 그가 인과관계에 대해 정한 범위는 지나치게 광범위하기[37] 때문에, 얻은 결과 또한 설득력이 떨어진다. 예를

다른 말이 삽입되었기 때문에 다시 이 사건으로 돌아올 때에는 동사를 복사해야 되며, 이로써 '看得出了神'의 원인을 명확하게 한다.

세 번째는 속담인 경우이다. 일부 속담도 동사복사구문으로 표현한다. 속담은 일종의 독립적인 담화 텍스트이며, 문맥을 필요하지 않는다.

聂仁发(2001:114-115)

36 魏揚秀(2001:8)에서 인용.

37 魏揚秀(2001:6)는 인과관계에 대해 제한조건을 제시하였다. 그녀가 언급한 인과관계는 광의적인 인과 범주이며, 의미범주에서 보았을 때, '이미 실현된 인과관계' 및 '잠재적인 미 실현 인과관계' 두 가지가 있다. 이미 실현된 인과관계는 협의적인 인과관계이고, 미 실현 인과관계는 가정 혹은 추론을 나타내는 인과관계이다. 즉, 일반적으로 말하는 양보관계, 조건관계 등을 가리킨다.

들면 다음과 같다.

(31) 我們學語言學這么久了，反而不如以前了，總說錯句。
우리가 언어를 배운지 이렇게나 오래 됐는데, 오히려 예전보다 못하다. 자꾸 틀리게 말한다.

(32) 我替你怀孩子怀得那么辛苦，你却在這儿悠閑。
내가 너의 아이를 임신해서 이렇게 고생을 하는데, 너는 도리어 여기에서 여유를 부리고 있네.

魏扬秀(2001:13)

위의 예문(31)과 (32)는 전부 뚜렷한 전환관계를 지니고 있지만, 魏揚秀(2001)은 여전히 결과의 역전관계를 나타내는 유형에 포함시켰다. 필자는 이와 같은 전환 관계는 인과관계로 보기 힘들다고 생각한다. 다음 예문도 살펴보자.

(33) 他也很迷信，怕街角的黑猫，怕“13”這个不祥的數字，如果打字打到第13頁， 他一定要拚命打下去， 打到頁碼數字吉利爲止。
그 사람도 미신을 믿기 때문에, 길모퉁이의 검은 고양이를 무서워하고, ‘13’이라는 불길한 숫자를 무서워한다. 만약 타자를 제 13페이지까지 하면, 그는 목숨을 걸고 빨리 타이핑을 해서, 행운의 페이지 수가 나올 때까지 멈추지를 않는다.

BCC 코퍼스

(34) 那廢手万一帮忙帮錯，會把他自己套里頭。
그 쓸모없는 손으로 도우려다 도리어 방해가 된다면, 스스로를 걸리게 할 수 있다.

(35) 老爸抽烟抽了30年，花了15天戒烟，這就是獅子座的男人。
아버지는 담배를 30년 동안 피었는데, 15일에 거쳐서 담배를 끊었어. 이것이 바로 사자 별자리 남자란다.

위에 예문(33)에서 동사복사구문 형식 '打字打到第13頁'는 개빈구 동사복사구문이며, 이어지는 소절과 전환관계를 이룬다. (34)의 문맥에서 동사복사구구문 '帮忙帮錯'는 동결식 동사복사구문이며, 상하 문맥과 양보, 추측의 관계를 이룬다. (35)는 계량식 동사복사복사구문이며, 상하 문맥과 대비관계를 이룬다. 그러므로 현대 중국어 동사복사구문은 인과관계 외에도 조건, 전환, 양보관계를 이룰 수 있다.

張伯江, 方梅(1996), 郭圣林(2004), 張伯江(2014) 등은 '把'자구를 문맥에 대한 의존성이 강한 문장형식으로 보았다. 그러나 현대중국어 동사복사구문이 나타내는 의미구조는 완전하기 때문에, 더 이상의 문맥이 없어도 된다. 그러므로 흔히 문두의 위치에 출현하곤 한다. 그러나 동사복사구문은 이어진 문장에 대한 요구가 있다. 이러한 특징은 평가범주 동사복사구문에서 가장 두드러지게 나타난다.

史金生・邝艷(2010:35)는 대화 속에서 동사복사구문을 사용할 경우, 주제는 주로 주어를 통해 나타낸다고 하였다. 다음 예문은 전부 주어를 중심으로 서술 된 문장인데, 예를 들면 다음과 같다.

(36) 他說話說得很晚, 可是一說開了頭, 他學的很快 ……
그는 말을 늦게 뗐는데, 말을 떼기 시작하니 금방 늘었다.

위 예문에서 각 절의 서술대상은 전부 주어 '他'이다. 그러나 화제구 혹은 준 한정어구으로 표현할 경우, 이어지는 절의 서술대상은 주어일 수도 있고, 빈어일 수도 있는데, 예를 들면 다음과 같다.

(37) a. 她文章寫得极好, 如行云流水, 洒脫自如, 讀來是种藝術享受。[38]
그녀는 글을 잘 짓는다. 그녀가 지은 글은 떠다니는 구름과 같고 흐르는 물과 같기도 하며, 자유롭고 대범하며, 읽게 되면 예술을 감상하는 것과 같다.
b. *她寫文章寫得好, 如行云流水, 洒脫自如, 讀來是种藝術享受。

(38) a. 其實Helen的北京話說得极棒, 但仍請了一位姓簡的半老徐娘到場承担翻譯, 前后四小時 ……

38 史金生, 邝艷(2010:35) 에서 인용.

사실 Helen의 북경 말은 아주 유창하다. 그런데도 Helen은 간씨 성을 가지고 있는 우아한 중년부인을 청하여 통역을 맡겼다. 전후 합쳐서 무려 네 시간이나 ……

b. 其實Helen說北京話說得极棒, 但仍請了一位姓簡的半老徐娘到場承担翻譯, 前后四小時 ……
사실 Helen은 북경 말을 아주 잘한다. 그런데도 Helen은 간씨 성을 가지고 있는 우아한 중년부인을 청하여 통역을 맡겼다. 전후 합쳐서 무려 네 시간이나 ……

c. 其實Helen北京話說得极棒, 但仍請了一位姓簡的半老徐娘到場承担翻譯, 前后四小時 ……
사실 Helen은 북경 말을 아주 잘한다. 그런데도 Helen은 간씨 성을 가지고 있는 우아한 중년부인을 청하여 통역을 맡겼다. 전후 합쳐서 무려 네 시간이나 ……

위의 각 예문에서, (37a)의 '她文章寫得极好'는 주어에 대한 평가를 나타내는데, 이어진 절의 서술대상은 빈어인 '文章'이다. 이와 같은 문맥에서는 화제구를 사용하는 것은 자연스럽지만, (38b)의 동사복사구문 형식은 자연스럽지 않다. 반면 (38)은 주어에 대한 평가이기 때문에 세 가지 구문형식을 전부 사용할 수 있다.

예문 (37), (38)은 평가의미를 나타내는 동사복사구문이 문맥을 연결시키는 경우이다. 다음으로는 결과의미를 나타내는 경우도 살펴보자.

(39) 吃腻了大米白面，又想來点玉米面嘗嘗鲜。
흰 쌀 면이 지겨우니 옥수수 면을 또 맛보려고 하네.

(40) 出了國，吃西餐吃腻了，吃几口老咸菜最舒服。
외국에서 양식을 너무 질리게 먹었더니, 짠지 몇 입 먹는 것이 가장 좋다.

CCL 코퍼스

위의 두 예문을 비교해 보면, 비록 주어가 전부 문맥에 의해 생략 되었지만, (39)은 SVO형식이고, 문말의 '大米白面'은 발화초점이며, '玉米面'은 '大米白面'과 대응관계를 이룬다. 반면 예문 (40)은 동사복사구문을 사용하였기 때문에, 주어의 느낌을 나타내는 '吃腻了'를 더욱 부각시킨다.

廖秋忠(1991:17)은 담화 텍스트를 분석할 때에는 담화 텍스트의 형식구조를 문맥과 연관시켜야 되며, 문맥을 통해서 담화텍스트의 형식과 구조에 대해 설명해야 된다고 하였다. 즉, 담화텍스트가 통사구조의 형성에 대한 제약관계를 설명하는 동시에, 담화텍스트가 구문형식과 구문변체의 사용제약관계에 대해서도 분석해야 된다는 것이다.[39] 이상의 분석을 통해, 현대중국어 동사복사구문은 비록 주동빈구문과 '把'자구의 사용빈도보다 낮지만, 동사복사구문만의 독특한 통사구조를 지니고 있으며, 구체적인 문맥에서 다양한 의미관계를 나타낼 수 있음을 알 수 있다.

2) 문맥의 연관성에 의해 제약을 받지 않는 경우

현대중국어 동사복사구문은 의미적으로 완전한 구조에 속하는 동시에, 나타내는 결과가 "비예측성"을 나타내기 때문에, 보도성 표제의 특징에 매우 부합하다. 이 때문에 신문표제로 자주 사용되곤 하는데, 앞서 제 3장에서 이미 논의한 예문과 같다.

(41) 讀書讀出百万遺産。
공부를 (많이) 해서 백만 유산을 얻었다.
BCC 코퍼스

(42) 修電梯修出一死二傷。
엘리베이터를 수리하다가 한 명이 죽고 두 명이 다쳤다.
张旺熹(2004:50)

(43) 种果菜种出一个上市公司。
과일과 채소를 심다가 상장회사를 만들게 되었다.
赵新(2002;67)

이상으로 필자는 통사적, 의미적, 발화환경 측면에서 현대중

39 廖秋忠(1991:17)참조.

국어 동사복사구문의 생성기제와 제약요소에 대해 분석하였다. 통사적인 강제성은 주로 '賓補爭動'의 모순에 있다. 의미적인 측면에서 이 책에서는 의도성과 문장 각 성분 사이의 의미관계에 대해 분석하였는데, 의도성은 화자의 관찰각도와 연관되기도 하고, 행위자의 의도성과도 연관성이 있다. 세 가지 유형의 의미범주 동사복사구문은 전부 화자가 VO를 관찰 및 기술의 시작점으로 설정한 것이며, 물론 화자의 주관적인 의도성도 존재한다. 행위자의 의도성에서 보았을 때, 세 가지 유형의 동사복사구문은 전부 행위자의 의지성이 있는 사건이다. 즉 동사복사구문은 '爸爸碰杯子碰碎了'와 같은 비 행위자 의지성 사건을 배척한다는 것이다. 문장 성분 사이의 의미관계에서 보았을 때, 다른 유형의 동사복사구문의 강제성 요구는 각각 다르다. 결과범주 동사복사구문중에서도 특히 사역성 결과범주 동사복사구문에서 보어와 기타 의미성분 사이의 관계, V와 O의 의미관계는 동사복사구문이 생성되는 중요한 기제이다. 이와 달리 평가범주 동사복사구문에 있어 보어의 의미지향은 그다지 중요하지 않으며, 해당 유형의 가장 중요한 제약 요소는 문장성분 S, V, O 사이의 의미관계 및 주어와 동사의 거리이다. 계량범주 동사복사구문에서, 빈어의 한정성, 수량성분이 동사 및 빈어와의 관계 유무가 해당 동사복사구문의 생성에 결정적인 영향을 끼친다. 현대중국어 복사구문은 의미적으로 自足적이기 때문에, 인과관계 복문과 문두화제, 그리고 신문표제 위치에 자주 사용된다.

제7장
결론

이 책에서는 의미범주의 측면에서 현대중국어의 여러 가지 동사복사구문에 대해 분석하였으며, 각각 다른 유형에 속하는 동사복사구문의 생성원인과 기제에 대해서분석하였다.

의미범주 측면에서 현대중국어 동사복사구문은 결과범주 동사복사구문, 평가범주 동사복사구문 및 계량범주 동사복사구문과 같은 세 가지 유형으로 분류하였다. 결과범주 동사복사구문이 나타내는 결과 의미는 다시 '동작과정-결과'와 '원인-결과'로 분류하였는데, 전자는 단일 사건에 대한 의미표현이고, 후자는 복합사건에 대한 의미표현이다. 평가범주 동사복사구문은 화자가 S의 특징, 속성 및 능력에 대한 평가이며, 주어의 유형에 따라 비 행위자 주어 동사복사구문과 행위자 주어 동사복사구문으로 나누었다. 비 행위자 주어 동사복사구문은 도구성 주어와 처소성주어의 특징을 위주로 평가하고, 행위자 주어 동사복사구문의 의미는 상대적으로 복잡하기 때문에 준 한정어구 및 화제구와 상이한 전환관계가 존재한다. 계량범주 동사복사구문은 다시 명량 범주 동사복사구문, 동량범주 동사복사구문 및 시량범주 동사복사구문으로 분류하였다. 계량범주 동사복사구문은 화자가 VO를 예상 참조기준으로 삼아 행위자 S의 동작 실현에 대해 측량한다.

이 책의 분석을 통해 필자는 전체적인 측면에서 현대중국어 동사복사구문의 의미체계를 재구하였다. 그러나 세 가지 의미범주 사이에는 이산적인 관계가 아니라 연속적인 체계이다. 예컨대, '他吃飯吃得少'와 같이, 만약 이 문장을 정태적으로 분석한다면 결과범주 동사복사구문에 포함시켜도 되고, 평가범주 동사복사구문에 포함시켜도 된다. 이 외에 '摸獎摸出了一台彩電'과 같은 경우를 이 책에서는 계량범주 동사복사구문에 귀납하였다. 그러나 사실 '摸出了一台彩電'도 '摸獎'의 결과이기 때문에 결과의미도 나타낼 수 있고 보았다.

또한, 세 가지 의미유형 동사복사구문의 생성은 전부 화자의 의도성과 연관이 있다. 화자는 VO를 사건을 인지하는 기점과 서술하는 기점으로 간주하고, 각각 서술한다. 결과범주 동사복사구문은 크게 사역성 동사복사구문과 비사역성 동사복사구문으로 분류할 수 있다. 비사역성 동사복사구문에 있어 화자의 관찰 각도는 단지 S를 기점으로 삼은 것이며, 동작의 추진에 따라 동작의 완료에 의해 완성된다. 사역성 결과범주 동사복사구문은 이와 달리 화자의 관찰시간이 S의 동작에 의해 진행되나 동작의 완료에 따라 끝내지는 않는다. 화자는 관찰의 시각을 사건의 각 성분, 심지어는 사건의 외적인 요소에 집중하였으며, 이러한 요소의 상태 또는 결과는 VO사건에 의한 것으로 본다.

동사복사구문의 평가범주에도 화자의 의도성이 들어있다. 그러나 의미유형에서 본다면, 많은 행위자 주어 평가범주동사복사구문은 화제구, 준 한정어구로 전환 할 수 있다. 왜냐하면 언어의 경제원칙에 의하면 화제구와 준 한정어구는 동사복사구문보다 경제적이기 때문이다. 그러나 구체적인 문맥에서는 만약 상하 문맥이 전부 주어 S를 담화 대상으로 삼으면 오로지 동사복사구문만 사용할 수 있다. 비행위자 주어 화제구의 주어는 대부분 도구성 주어 혹은 시간, 처소성 주어이다.

동사복사구문의 계량범주는 세 가지 유형으로 분류하였다. 우선 물량범주 동사복사 구문은 화자의 의도성과 밀접한 관계가 존재하며, VO는 목적범주로 간주하고, 뒤에 출현한 'V+수량구'는 결과의 수량적인 표현이라고 할 수 있다. 시량범주 동사복사구문과 동량범부 동사복사구문의 생성은 화자의 의도성 외에도 빈어의 한정성과 밀접한 연관성이 있다.

参考文獻

1. 国内论著

金雪花 · 牟廷烈(2016), <從典型理論看重動句>, ≪중국어문학논집≫, 第100號, 133-152.

金世美(2008), <동사복사구문(重動句)의정보구조>, ≪中國語文學論集≫, 第57號, 219-231.

金允經(2007), <漢語重動句的句法特征>, ≪中國學≫, 第28輯, 39-53.

金琮鎬(2001), <중국어 補語에 상응하는 한국어 성분의 위치 문제>, ≪中國語文學論集≫, 第22號, 87-116.

______(2005), <현대중국어 담화텍스트 상에서 정보배열 방법에 관하여>, ≪언어와 언어학≫第35號, 123-142.

맹춘영(2010), <"致使"類把字句特徵探微>, ≪중국어 문학지≫, 第33劵0號, 373-404.

박미애(2012), <현대중국어 동사복사구문의 시태조사 '了'>, ≪중국언어연구≫, 第38劵0號, 121-143.

______(2014), ≪현대중국어 동사복사 구문연구≫, 연세대학교 박사학위논문.

______(2016), <現代中國語 動詞複寫構文>, ≪한국중어중문학회 학술대회 자료집≫, 305-310.

박미애 · 金鉉哲(2013), <현대중국어 동사복사구문의 은유 및 환유적 확장>, ≪중국어 문학논집≫, 第80輯, 77-97.

謝衛菊 · 李宇哲(2014), <漢語教材中的"SVOV得C"句式的語法特點分析>, ≪中國語文學≫, 第67輯, 217-238.

崔圭鉢(1995), ≪現代漢語 結果補語의 意味指向分析≫, 高麗大學校 博士學位論文.

楊艶麗(2015), <基于事件類型的現代漢語重動句教學研究>, ≪中國語教育과 研究≫, 第22號, 93-109.

2. 國外論著

曹廣順(1995), ≪現代漢語助詞≫, 北京: 語文出版社.

曹捷斐(1996), ≪中文動態: 否定動詞不與沒≫, 輔仁大學碩士學位論文.

陳家雋(2009), ≪現代漢語致使性重動句研究≫, 復旦大學碩士學位論文.

______(2012), <現代漢語致使性重動句分析>, ≪長春理工大學學報≫, 第12期, 132-133.

陳明舒(2008), <"動詞部分拷貝句"的定義與分析>, ≪湖南師範大學社會科學學報≫, 第2期, 141-144.

陳　平(1994), <試論漢語中三種句子成分>, ≪中國語文≫, 第3期, 161-168.

陳　忠(2012), <"結構-功能"互參互動機制下的重動句配置參數功能識解>, ≪中國語文≫, 第3期, 225-237.

戴耀晶(1998), <試說漢語重動句的語法價值>, ≪漢語學習≫, 第2期, 1-4.

戴浩一(1990), <以認知爲基础的漢語功能語法芻議>, ≪國外語言學≫, 第4期; 薛鳳生主編(1994), ≪功能主義與漢語語法(中譯本)≫, 北京: 語言學院出版社.

鄧思穎(2010), <"形義錯配"與漢英的差异--再談"他的老師当得好">, ≪語言教學与研究≫, 第3期, 51-56.

丁嬋嬋(2015), ≪現代漢語重動句的認知研究≫, 華東師範大學博士學位論文.

範　曉(1993), <複動"V得"句>, ≪語言教學與研究≫, 第4期, 57-74.

______(2013), <論語序對句式的影響>, ≪漢語學報≫, 第1期, 2-11.

______(2014), <動賓離合詞及其構成的語式>, ≪山西大學學報≫, 第6期, 41-50.

方　梅(1993), <賓語與動量詞語的次序問題>, ≪中國語文≫, 第1期, 54-65.
付云華(2011), ≪現代漢語重動句研究≫, 北京語言大學碩士學位論文.
高亞楠 · 吳長安(2013), <量關系事件構式組配的認知解釋>, ≪西南交通大學學報≫, 第1期, 42-45.
顧龍飛(2015), <現代漢語“VNV的”格式淺析>, ≪現代語文≫, 第11期, 38-39.
顧鳴鏑(2013), ≪漢語構式承繼關係及其認知功能研究≫, 上海師範大學博士學位論文.
顧月云(2012), ≪時量成分和賓語的位置關係研究≫, 復旦大學碩士學位論文.
郭繼懋 · 王紅旗(2001), <粘合補語和組合補語表達差异的認知分析>, ≪世界漢語教學≫, 第2期, 14-22.
郭姍姍(2009), ≪“V出”及其相關問題考察≫, 上海師範大學碩士學位論文.
何　傑(2001), ≪現代漢語量詞研究≫, 北京: 民族出版社.
何　融(1958), <漢語動詞夏說法初探>, ≪中山大學學報≫, 第1期: 137-163
何元建(2011), ≪現代漢語生成語法≫, 北京: 北京大學出版社.
黃國營(1981), <僞定語和準定語>, ≪中國語文≫, 第4期: 38-44.
黃正德(2008), <從“他的老師当得好”談起>, ≪語言科學≫, 第3期: 225-241.
胡敕瑞(2005), <動結式的早期形式及其判定標準>, ≪中國語文≫, 第3期, 214-225.
胡清國 · 蔡素萍(2015), <漢語評價構式“A了一點”>, ≪漢語學習≫, 第4期, 42-50.
胡裕樹(1981), ≪現代漢語(增訂本)≫, 上海: 上海教育出版社..
黃　華(1984), <“動(形)+到+ ……”的結构分析>, ≪天津師大學報≫, 第10期, 90-96.
黃曉琴(2006), <試論動結式的三種賓語>, ≪漢語學報≫, 第3期, 69-72.
黃月圓(1996), <把 / 被結构與動詞重複結構的互補分布現象>, ≪中國語文≫, 第2期, 92-99.

韓　蕾(2006), <事件名詞的語義基础及相關句式>, ≪語言研究≫, 第3期, 26-29.

蔣紹愚(2005), ≪近代漢語語法史研究綜述≫, 北京：商務印書館.

江　悅(2007), ≪現代漢語重動句的句法與語義研究≫, 北京交通大學碩士學位論文.

蔣宗霞(2006), <動量詞的語義分類及組合關係>, ≪阜陽師範學院學報≫, 第3期, 50-52.

金朝煒(2009), ≪動賓離合詞和數量短語的組合及"了"的影響≫, 上海外國語大學碩士學位論文.

金賢姬(2015), ≪漢韓語言認知視點的對比研究≫, 北京大學博士學位論文.

金雪花(2001), ≪重動句的制約因素和典型性特征≫, 中國社會科學院研究生院碩士學位論文.

匡鵬飛(2015), <與"動詞+時量成分+賓語"結构有關的幾個問題>, ≪語文研究≫, 第4期：50-54.

李　純(2007), ≪論現代漢語重動句使用的選擇性與强制性≫, 華中科技大學碩士學位論文.

李俊瑜(2010), <重動句中"V"的句法特征>, ≪語文學刊≫, 第8期, 99-100.

李臨定(1980), <動補格句式>, ≪中國語文≫, 第2期.

______(1991), <語法研究回顧>, ≪世界漢語教學≫, 第3期, 144-152.

李　敏(1997), <把 / 被結構與動詞重複結構的變換>, ≪湛江師範學院學報≫, 第3期, 78-80.

李訥·安珊笛·張伯江(1998), <從話語角度論証語氣詞"的">, ≪中國語文≫, 第2期, 93-102.

李訥·石毓智(1997), <漢語動詞拷貝結構的演化過程>, ≪國外語言學≫, 第3期, 32—38.

李容容(2010), ≪現代漢語重動句的研究與教學啓示≫, 高雄師範大學碩士學位論文.

李善熙(2003), ≪漢語"主觀量"的表達研究≫, 中國社會科學院研究生院博士論文.

李咸菊(2006), <重動句句法結構標記探析>, ≪周末文匯學術導刊≫, 第1期, 57-59.

李曉琪(1982), <說說“動詞+到”>, ≪漢語學習≫, 第8期, 15-19.

李小榮(1994), <對述結式帶賓語功能的考察>, ≪漢語學習≫, 第10期, 32-38.

李宇明(2000), ≪現代漢語量範疇研究≫, 武漢：華中師範大學出版社.

廖秋忠(1991), <篇章与語用和句法研究>, ≪語言教學与研究≫, 第4期, 16-44.

劉丹青・徐烈炯(1998), ≪話題的結構與功能≫, 上海：上海教育出版社.

劉　輝(2009), ≪現代漢語事件量詞的語義和句法≫, 上海師範大學博士學位論文.

劉　慧(2011a), <現代漢語評價係統研究述略>, ≪漢語學習≫, 第4期, 81-88.

______(2011b), <現代漢語評價係統芻論>, ≪華文教學與研究≫, 第4期, 72-78.

劉　佳(2013), ≪漢語重動句教學研究≫, 吉林大學碩士學位論文

劉　瑾(2009), ≪漢語主觀視角的表達研究≫, 首都師範大學博士學位論文.

劉梨花(2010), ≪對外漢語教學角度的現代漢語重動句考察≫, 湖南師範大學碩士學位論文.

劉礼進(2009), <也談“NP1的NP2+V得R”的生成>, ≪外國語≫, 第3期, 44-51.

劉培玉(2012), <動結式重動句構造的制約机制及相關問題>, ≪漢語學報≫, 第1期, 56-64.

劉天明(2003), ≪結果範疇的語義句法研究≫, 東北師範大學碩士學位論文.

劉維群(1986), <論重動句的特点>, ≪北京語言學院語言教學研究所選編. 現代漢語補語研究資料≫, 北京：北京語言學院.

劉雪芹(2003), ≪現代漢語重動句研究≫, 上海：復旦大學出版社.

______(2011), <現代漢語重動句賓語指称意義研究>, ≪漢語學習≫, 第10期, 32-42.

劉云飛(2014), <兼語式語義建構過程中的識解特征分析--以事件域認知模型爲視角>, ≪外語教學≫, 第6期, 27-30.

盧　偉(2008), <論重動句的焦点>, ≪宿州學院學報≫, 第1期: 60-62.

陸儉明(2006), <句法語義接口問題>, ≪外國語≫, 第3期: 30-35.

______(2016), <從語言信息結構視角重新認識“把”字句>, ≪語言教學与研究≫, 第1期: 1-13.

羅開農(1981), <再談動詞后面的“到”>, ≪重慶師範學院學報≫, 第7期: 101-103.

呂叔湘(1986), <漢語句法的靈活性-動補結構的多義性>, ≪中國語文≫, 第1期, 1-9.

馬慶株(1981), <時量賓語和動詞的類>, ≪中國語文≫, 第2期, 86-91.

______(1984), <動詞後面時量成分與名詞的先后次序>, ≪語言學論叢≫, 第13輯, 北京: 商務印書館.

馬眞·陸儉明(1997a), <形容詞作結果補語情況考察(一)>, ≪漢語學習≫, 第1期, 3-7.

馬眞·陸儉明(1997b), <形容詞作結果補語情況考察(二)>, ≪漢語學習≫ 第4期, 14-18.

馬眞·陸儉明(1997c), <形容詞作結果補語情況考察(三)>, ≪漢語學習≫ 第6期, 7-9.

孟艷華(2009), ≪事件建构与現代漢語結果賓語句研究≫, 北京語言大學博士學位論文.

繆錦安(1990), ≪漢語的語義結構和補語形式≫, 上海教育出版社.

聶仁發(2001), <重動句的語篇分析>, ≪湖南師範大學社會科學學報≫, 第1期, 114-118.

裴曉燕(2007), ≪動結式重動句研究≫, 上海師範大學碩士學位論文.

彭國珍(2011), ≪結果補語小句理論與現代漢語動結式相關問題研究≫, 杭州: 浙江大學出版社.

齊若冰(2015), ≪動結式“V滿”及其相關研究≫, 上海師範大學碩士學位論文.

祁　峰(2013), <漢語焦點的類型及其相關問題>, ≪漢語學習≫, 第2期, 31-42.

錢冠連(2001), <有理据的范疇化過程--語言理論研究中的原創性>, ≪外語與外語教學≫, 第10期, 7-11.

秦洪武(2002), <漢語“動詞+時量短語”結構的情狀類型和界性分析>, ≪當代語言學≫, 第2期, 90-100.

秦礼君(1985), <關于“動+賓+動重+補”的結構形式>, ≪語言研究≫, 第2期, 142-148.

屈承熹(2010), ≪漢語功能篇章語法≫, 文鶴出版有限公司。

全今淑(2012), ≪韓中語序制約因素對比研究≫, 延邊大學博士學位論文.

饒宏泉(2009), <時量成分語序變化的動因分析>, ≪安徽師範大學學報≫, 第5期, 567-570.

任　鷹(2001), <主賓可換位動結式述語結构分析>, ≪中國語文≫, 第4期, 320-329.

邵敬敏(1996), <動量詞的語義分析及其與動詞的選擇關係>, ≪中國語文≫, 第2期, 100-109.

______(2000), ≪漢語語法的立體研究≫, 北京：商務印書館.

______(2009), <從准定語看結構重組的三個原則>, ≪山西大學學報≫, 第1期, 62-66.

沈家煊(2001), ≪認知與漢語語法研究≫, 北京：商務印書館.

宋文輝(2003), ≪現代漢語動結式配價的認知研究≫, 北京：中國社會科學院研究生院博士學位論文。

______(2005), <主觀性與施事的意愿性强度>, ≪中國語文≫, 第6期, 508-575.

施春宏(2004), <漢語句式的標記度及基本語序問題>, ≪漢語學習≫, 第2期, 10-18.

______(2006), <動結式的配价層級及其歧价現象>, ≪語言教學與研究≫, 第4期, 45-57.

______(2010), <動詞拷貝句句式構造和句式意義的互動關係>, ≪中國語文≫, 第2期, 1-14.

______(2014), <動詞拷貝句的語法化機制及其發展層級>, ≪國際漢語學報≫, 第5卷, 1-27.

石定栩(2006), <動詞后數量短語的句法地位>, ≪漢語學報≫, 第1期, 51-58.

石毓智(2000), <如何看待語法規則的“例外”--從“吃飽飯”, “喝醉酒”現象談起>, ≪漢語學習≫, 第6期, 29-30.

______(2001), <漢語的主語與話題之辯>, ≪語言研究≫, 第2期, 82-91.

______(2002), <論語言的基本語序對其語法係統的影響-兼論現代漢語句子組織信息的原則形成的歷史動因>, ≪外國語≫, 第1期, 17-27.

史金生·邝艷(2010), <“他的老師當得好”句式的形成機制>, ≪漢語學習≫, 第5期, 28-37.

孫紅玲(2005), ≪現代漢語重動句研究≫, 北京語言大學博士學位論文.

孫文統(2014), <無形并列模式下動詞拷貝結構的推導分析>, ≪河北北方學院學報≫, 第5期, 59-63.

唐翠菊(2001), <現代漢語重動句的分類>, ≪世界漢語教學≫, 第1期, 80-86.

完　權(2013), <事態句中的“的”>, ≪中國語文≫, 第1期, 51-61.

王燦龍(1999), <重動句補議>, ≪中國語文≫, 第2期, 124.

王　超(2015), <“V得”式重動句第一動詞隱現條件分析>, ≪語文學刊≫, 第1期, 6-9.

王紅旗(1996), <動結式述補結構的語義是什么>, ≪漢語學習≫第1期, 24-27.

______(2001), <動結式述補結構在把字句和重動句中的分布>, ≪語文研究≫ 第1期, 6-11.

王　靜(2001), <“個別性”與動詞后量成分和名詞的語序>, ≪語言教學与研究≫, 第1期, 48-54.

王　俊(2011), ≪現代漢語离合詞研究≫, 華中師範大學博士學位論文

王　力(1944), ≪中國語法理論≫, 北京：商務印書館。

王　奇(2016), <動詞拷貝句的非拷貝分析>, ≪現代外語≫第3期, 305-313.

王天翼(2010), ≪漢語拷貝結構的事件域多重傳承模型分析方案≫, 四川外語學院碩士論文.

溫鎖林(1999), <漢語句子的信息安排及其句法后果--以複動句爲例>, 邢福義主編, ≪漢語法特点面面觀≫, 北京：北京語言文化大學出版社。

文　煉(1984), <關于句子的意義和內容>, ≪語文研究≫, 第1期, 16-18.

魏揚秀(2001), ≪重動句原因解釋功能分析≫, 北京語言文化大學碩士研究生學位論文.

吳春相(2006), ≪現代漢語時量範疇研究≫, 上海師範大學博士學位論文。

吳怀成(2011), <動量詞與賓語的語序選擇問題>, ≪漢語學報≫, 第1期, 56-61.

吳　平(2009), ≪漢語特殊句式的事件語義分析與研究≫, 北京, 中國社會科學出版社.

武　躍(2015), <現代漢語中"吃飽飯""喝醉酒"動補結構探析>, ≪現代語文≫第3期, 134-136.

項開喜(1997), <漢語重動句式的功能研究>, ≪中國語文≫, 第4期, 260-267.

蕭國政(1986), <隱蔽性施事定語>, ≪語文研究≫, 第4期, 4-10.

謝福 · 王培光(2014), <构式視角下計量補語重動构式研究>, ≪現代外語≫, 第4期, 452-460.

謝雅麗(2009), ≪漢語"V成"的句法語義研究及語法化考察≫, 上海師範大學碩士學位論文.

徐烈炯 · 劉丹青(1998), ≪話題的結構與功能≫, 上海：上海教育出版社。

______(2003), ≪話題與焦点新論≫, 上海：上海教育出版社。

許歆媛 · 潘海華(2014), <"他的老師当得好"的生成路徑探析>, ≪現代外語≫, 第4期, 439-451.

楊艷麗(2016), 〈現代漢語重動句句法特征考察〉, ≪語文學刊≫, 第4期, 2-3.

楊玉玲(2013), <"賓補爭動"及其解決途徑>, ≪首都師範大學學報≫, 增刊, 33-37.

姚水英(2006), ≪從"構式語法"看現代漢語重動句≫, 上海 : 上海外國語大學碩士學位論文.

尹世超(1995), <報道性標題與称名性標題>, ≪語言教學與研究≫, 第2期, 53-67.

袁毓林(1998), <語言信息的編碼和生物信息的編碼之比較>, ≪當代語言學≫, 第2期, 89-99.

______(2001), <述結式配價的控制-還原分析>, ≪中國語文≫, 第5期, 399-410.

______(2003), <從焦點理論看句尾"的"的句法語義功能>, ≪中國語文≫, 第1期, 3-16.

張伯江 · 方梅(1996), ≪漢語功能語法研究≫, 南昌 : 江西教育出版社.

張伯江(1994), <領屬結構的語義构成>, ≪語言教學與研究≫, 第2期, 68-78.

______(2002), <施事角色的語用屬性>, ≪中國語文≫, 第6期, 483-494.

張　佳(2012), ≪現代漢語時量詞研究≫, 大連 : 遼寧大學碩士學位論文.

張　黎(2015), <漢語的隱性意愿結構及其句法影響--以動結式及其相關句法現象爲例>, ≪語言教學與研究≫, 第5期, 42-52.

張林艶(2015), ≪現代漢語動結式"V錯"研究≫, 遼寧大學碩士學位論文.

張仙友(2009), ≪現代漢語重動"得"字句考察≫, 北京大學博士學位論文.

張万和(2007), ≪意愿範疇與漢語被動句研究≫, 上海師範大學博士學位論文.

張旺熹(2004), ≪漢語句法的認知結構研究≫, 上海師範大學博士學位論文.

趙長才(2002), <結构助詞"得"的來源與"V得C"述補結构的形成>, ≪中國語文≫, 第2期, 123-129.

趙國軍(2014), ≪現代漢語變量表達研究≫, 北京 : 社會科學出版社.

趙金銘(1993), <同義句式說略>, ≪世界漢語教學≫第1期, 26-32.

趙明慧(2007), ≪動詞后時量成分與名詞賓語的順序及其演變考察≫, 南昌大學碩士學位論文。

趙　新(2001), <重動句的結構和語義分析>, ≪華僑大學學報≫, 第1期, 117-122.

______(2002), <試論重動句的功能>, ≪語言研究≫, 第1期, 28-31.

趙元任(呂叔湘譯)(1968), ≪漢語口語語法≫, 北京: 商務印書館.

鐘小勇(2006), <可插入成分與重動句信息結構分析>, ≪語言科學≫, 第6期, 29-41.

______(2008), ≪重動句信息結構研究≫, 上海: 復旦大學博士論文.

______(2010), <作爲預設触發語的重動句>, ≪當代修辭學≫, 第6期, 55-64.

周　紅(2007), <次第致使和組元致使的認知語義差別與功能特征>, ≪云南師範大學學報≫, 第2期, 7-12.

周家發(2012), <主觀量的梯級模型解釋>, ≪漢語學習≫, 第4期, 29-38.

周小兵(1997), <動賓組合帶時量賓語的句式>, ≪語言教學與研究≫, 第4期, 142-147.

周小兵 · 朱其智 · 鄧小宁(2007), ≪外國人學漢語語法偏誤研究≫, 北京: 北京語言大學出版社.

朱德熙(1982), ≪語法講義≫, 北京: 商務印書館。

Chang, Jung-hsing(1991), Verb-copying: Toward a balance between formalism and functionalism, Journal of the Chinese Language Teachers' Association.(26) 1: 1-32.

Ernst, T. Wang, C.(1995), Object preposing in Mandarin Chinese. Journal of East Asian Linguistics, 4: 235-260.

Huang, C.-T. James(1982), Logical Relations in Chinese and the Theory of Grammar, Cambridge: MIT dissertation.

(1988), Wo pao de kuai and Chinese phrase structure. Language, 64: 284-311.

Langacker, R.W(2008), Foundations of Cognitive Grammar, Stanford: Stanford University Press.

______(1999), Grammar and Conceptualization, Berlin : Mouton de Gruyter.

Li and Thompson(1981), Mandarin Chinese : a Functional Reference Grammar, University of California Press,

Liu, X.(1996), The verb copying construction-a case of discourse backgrounding, Journal of the Chinese Language Teachers Association, 31 : 57-75.

______(1997), The verb-copying construction and imperfectivity, Journal of the Chinese Language Teachers Association 32 : 1-13.

Osgood, Charles E(1980), Lectures on Language Performance. Spinger-Verlag New York Inc.

Tai. James H-Y(1999), Verb-copying in Chinese revisited, Chinese Languages and Linguistics 5 : Interactions in Language. pei : Institute of Linguistics, Academia Sinica, 97-119.

中文摘要

本文研究對象爲現代漢語中的重動句。我們從現代漢語重動句的表義范疇入手，對不同類型的重動句進行了較爲詳盡性的刻畫，在此基础上對制約重動句生成的因素進行了探討。

基于范疇化的視角，我們把現代漢語重動句的典型語義分爲“結果”、“評价”和“計量”三類。現代漢語重動句的結果義可以分爲兩類：動程-結果；原因-結果。前者是對單一事件的語義表達，后者是對复合事件的語義表達。現代漢語重動句表達結果義的句法形式最典型是：介賓短語重動句、動結式重動句和“得”字重動句。介賓短語重動句表示的結果義很丰富，大致可以概括爲以下几類：1) 動作結束于某个時点；2) 可預期性結果的實現；3) 出乎意料的結果出現；4) 主語身份、狀態的變化；5) 施事或受事的位移；6) 對某种結果、現象進行解釋。在我們分析的四類介賓短語重動句中，有的是强制性重動句，有的是選擇性重動句。其中制約因素是因爲出現于介賓短語重動句中的“出、到、成、在”具有動詞和介詞双重身份。如果“出、到、成、在”与其后的補語成分有句法關系，這時可以有重動句、連動句兩种表達形式，這時重動句的使用是選擇性的；如果“出、到、成、在”与其后的補語成分沒有句法關系，則只能强制性地使用重動句形式。現代漢語動結式重動句的語義可以概括爲以下几類：1) 慣常性事件中動作量的累積造成主語狀態改變；2)某一次具体事件中主語因VO導致的新狀態；3)主語在競爭性事件中的結果：4)SVO事件進行過程中導致了意外性的結果事件發生；5)陳述輔体在動作的影響下出現的狀態。6)主語對賓語表示的事物、現象產生的心理感受；7) 施事采取的動作產生的結果義，這个結果多是偏离結果義。其中補語指向主語和輔体的動結式重動句是强制性重動句；補語指向賓語的重動句中，補語如果既与賓語有及物關系，也同時指向主語，如“吃膩”類，重動句的使用是選擇性的；如果動詞是制作類動詞，重動句形式和主動賓形式都常常用來表示“預期結果的偏离義”； 如果動詞是影響類動詞，動作的方向也會影響到重動句的生成。“得”字補語重動句除了補語的長度要求使用“得”字補語重動句外，在表義功能上，動結式傾向于把原因和結果合爲一个原型，但“得”字補語重動句更凸顯動作導致的結果狀態。此外，對于“赢”之類含有競爭結果義的結果義，多用動結式表達，很難用“得”字補語重動句表達。

現代漢語重動句表示的評价義是說話人對S的特征、屬性或能力的評价。根据主語的不同，可以分爲“非施事主語重動句”和“施事主語重動句”。非施事主語重動句側重于對工具性主語和處所主語的特点進行評价。施事主語重動句語義較爲夏雜，根据VO的事件類型不同又可以分爲兩類：一類是對主語慣常特点能力的評价；另一類是對某一次具体事件中主語的表現的評价。施事主語重動句与准定語句、話題句存在着不同的變換關系。對于評价范疇重動句的生成來說，補語的語義指向沒有結果范疇類重動句那么重要。相反，句中成分S、V、O之間的語義關系、主語与動詞的距离兩个因素是最重要的制約動因。

計量范疇重動句可以分爲名量范疇重動句、動量范疇重動句和時量范疇重動句。該類重動句是說話者以VO作爲預期參照標准，來對施事S動作實現度的計量。動詞的語義特征、情狀類型、動賓之間的語義關系、數量補語的性質都會影響到數量短語在重動句中的語義解釋和句子的可接受性。

現代漢語重動句從上下文語境來看，可以出現于因果關系、轉折關系、條件關系、假設關系等語段中。由于自身表義的完整性，還常常出現于新聞標題中。

양염려(YANLI YANG)

2001~2004 중국 루동(魯東)대학교 중문학과 문학석사
2012~2017 한국 고려대학교 문학 박사
2004~ 중국 루동(魯東)대학교 국제교육대학 전임교수
2005~2006 한국 국립군산대학교 객원교수
2010~2011 한국 원광대학교 객원교수

연구 영역:

유학생 대상으로 중국어 교육
중한 언어 및 문화 비교

연구실적:

1. 논문 다수(중국,한국)
2. 교육 사전 2부 집필
3. 국가급, 성(省)급 연구 프로젝트 다수 개를 주도하거나 참여

현대중국어 동사복사구문 의미범주와 생성기제 연구

1판 1쇄 발행 2018년 11월 30일

저　자 : 양염려
펴낸이 : 김병환
펴낸곳 : 학자원
주　소 : 서울시 강동구 천호대로 1121
전　화 : 02) 6403-1000
팩　스 : 02) 6338-1001
E-mail : hakjaone@daum.net
등　록 : 2011년 3월 24일 제2011-14호

ISBN 979-11-6247-064-893820

값 15,000원